記者がひもとく「少年」事件史

——少年がナイフを握るたび大人たちは理由を探す

川名壮志 Soji Kawana

Eurus Notus Boreas Zephyrus

岩波新書

プロローグ

一枚の写真がある。

男は右手に刃渡り34センチの白鞘の短刀を握っている。左足に体重を載せ、水平に腕を引き、相手の脇腹をめがけて、体ごと短刀をぶつけようとしている。ギラつく刃《やいば》が、驚愕の表情を浮かべた標的の人物に突き刺さる――。それが17ページの写真だ。

やわらかな手のひらで暴漢の凶刃をとらえようとしているのは、「人間機関車」と呼ばれた野党第一党の党首、日本社会党の浅沼稲次郎《あさぬまいねじろう》(61)だ。目は開き、腰は「く」の字に曲がり、自身のシンボルでもあった黒縁の丸眼鏡がずり落ちている。

事件の発生は、1960年10月。衆院選を目前に控えた白昼の東京・日比谷公会堂。演説をしていた浅沼は突然、壇上に乱入した暴漢に刺された。すぐにパトカーで近くの日比谷病院に搬送されたが、すでに絶命していた。

驚くのは、その時の報道だ。

浅沼刺殺の瞬間を捉えた写真が、毎日新聞の夕刊の一面にデカデカと掲載されたのである。こうした残酷な瞬間を捉えた写真を新聞に掲載することは、今なら、まずあり得ない。

さらに驚きに拍車をかけることがある。実行犯は、少年だったのである。自らを右翼と称する17歳の少年の名は、山口二矢《やまぐちおとや》。高校を中退し、保護観察中だった。容疑者は未成年。にもかかわらず、朝日、読売、毎日と新聞各社も、こぞって実名と写真を掲載した（当然ながら、少年法は当時も実名報道を禁止している）。それでも、世間から大きな異論が出ることはなかった。

少年法の精神を飛び越えたのは、国内の新聞だけに限らなかった。海外メディアも、この少年の政治テロに飛びついたのである。浅沼刺殺を捉えた毎日新聞写真部の長尾靖の写真は、ピューリッツァー賞を受賞する。報道部門のノーベル賞に値するこの賞を、日本人が受賞したのは初めてのことだった。

それから62年。

2022年7月、参院選の前々日。奈良市で遊説中の安倍晋三・元首相（67）が、男に銃で撃たれて殺害された。

もし、この銃撃犯が少年だったら――。

はたして報道《マスコミ》は「犯人」を実名で報じただろうか。

凶弾に倒れた元首相の訃報を大々的に伝えはするが、おそらく少年の名前は匿名にしただろう。ましてや顔写真の掲載など、考えられもしない。

「少年」とは何か。

２０２２年４月の民法の改正で、成人年齢が20歳から18歳に引き下げられ、民法上の「大人」の定義が１４０年ぶりに変わった。ところが、不思議なことに、少年法の「少年」は、20歳未満のままで、変わらない。18、19歳は、民法では「成人」でありながら、少年法では「少年」でもある奇妙な存在になったのである。

「大人」に対する「少年」とは何か。じつは、その定義は、きわめて曖昧だ。大人と少年は、単純な対《つい》の関係ではない。その不確かさは、戦後の少年事件を俯瞰してみると、よくわかる。社会の描く「少年」観が、時代によって大きく変容しているからだ。

およそ60年前、18歳にも満たない少年を新聞各紙は実名で報じたが、大きな異論は出なかった。当時の世間が見た山口は、成長途上の未熟な子供ではなかった。むしろ早熟で、先鋭的で、自己完結した、いっぱしのテロリストだった。だが今、山口のような少年が事件を起こしたとしたら、世間は掛け値なしにテロリストと捉えるだろうか。

少年事件は「社会の鏡」といわれる。

戦後の新聞報道を振り返ると、少年事件のニュースの価値観や、社会がとらえた「少年」像が、その時々によって大きく変わっていくことがわかる。それは、少年事件の過去の「常識」が、今の「非常識」といえるほどに大きな違いを生んでいることを示唆している。だからこそ、少年事件にはウソが隠れている、と私は考えている。

じつは今、少年事件の報道は退潮している。

それは、ともすれば「社会の鏡」がひび割れてしまうことにつながるようにも思える。

少年事件とは何か。戦後の少年事件史を俯瞰しながら、少年事件の「常識」を疑う。そして、少年が人を殺めた理由が、どこに見いだされたかをたどる。世間、あるいは報道が注目した少年事件の変遷を追うことで、その時々の社会のひずみを浮き彫りにするのが本書の狙いだ。

そう、少年がナイフを握るたび、大人たちは理由を探してきたのである。

目　次

凡例

・本書は、新聞各紙（東京本社版）の記事の扱いを通じて、少年事件への関心の変遷を明らかにしていく。各紙とした場合、朝日、読売、毎日を指す。
・太字は新聞の見出し。主見出しをメインに、必要に応じてサブの見出しを含めて引用した。いずれもママ。
・事件をめぐる事実関係は、各紙の報道、裁判の確定判決に基づいている。
・実名が広く知られ、既に死去している山口二矢、本人が名前を公表している永山則夫については、例外的に実名で記載した。
・少年事件を罪種別にみると、時代を問わず窃盗や強盗が多い。だが本書では、殺人など他者に甚大な被害を与え、新聞社が大きく報道した事件に重点を置いた。
・少年法上、刑罰が科されない少年でも、便宜上、「犯人」、と記す場合がある。判決文など固い文章も、趣旨を損なわない範囲で分かりやすくしている。同様に、事実認定をめぐって、保護処分を「有罪」、不処分を「無罪」と記すなど、専門用語もわかりやすく換言する場合がある。
・傍点は筆者による。

第１章

戦後復興期　揺籃《ようらん》期の少年事件

少年事件は、実名で報道されていた！

小松川女子高生殺人事件

テロ事件（浅沼稲次郎社会党委員長刺殺事件
風流夢譚事件）

連続ピストル射殺事件

グリコ・森永事件より四半世紀も前の劇場型犯罪　小松川女子高生殺人

戦前の旧少年法は、18歳未満の男女を「少年」と位置付けていた。少年＝20歳未満という「常識」が生まれたのは、戦後直後。1949年に施行された今の少年法からだ。

今よりも、殺人事件の発生件数がずっと多い戦後の混乱期に、新しい少年法はつくられ、家庭裁判所が誕生したのである。だが、新しい法律ができたからといって、世間の常識がすぐに変わるとはかぎらない。

少年が、人を殺めた理由は何かを探る。

その口火を切る事件として、まずは1958年8月に起きた事件を取り上げる。それは、グリコ・森永事件よりも四半世紀も前に発生した「劇場型」の少年事件だった。

事件発覚の初報は、各紙の夕刊社会面に掲載された。

「女子高校生絞殺さる」（朝日）
「母校で女高生殺さる」（読売）

「女高生絞殺される」(毎日)

東京都立小松川高校の定時制に通う女子高生(16)が、遺体で発見された――というニュースだった。少女は5日前から行方不明になり、家族から捜索願が出されていた。

この事件は、最初から「愉快犯」の仕業だと考えられていた。「犯人」を名乗る男が、報道機関に電話をかけてきたからだ。「特ダネを提供する。俺が女を絞殺した」。遺体発見の前夜、読売新聞東京本社に電話があったのである。若い男の声だった。

警視庁の遺体発見も、この「犯人」が誘導していた。読売に電話をかけた翌朝。「犯人」は、警視庁小松川署にも「少女を高校の屋上で殺した」と電話をかけていた。署員が現場に駆けつけると、男の言うとおりに少女の遺体が見つかった。

実行犯が、報道機関と捜査当局にわざわざ犯行を誇示する――。小松川女子高生殺人事件と称されるこの事件は、まさに今でいうところの劇場型犯罪だった。

ところで、まず殺人事件の報道をめぐって、新聞各紙が「事件を大きく扱う」条件を整理しておきたい。そこには大きく二つのパターンがある。

一つは、犯人がなかなか捕まらない場合だ。事件が発覚したが、犯人が逃げており、警察が身柄を確保していないケースである。犯人はだれか。犯行の動機は何か。下世話だが、ミステリー小説のような謎解きが、世間の興味を誘い、報道を大きくさせるのだ。

報道は捜査当局と二人三脚のようにして犯人の足跡をたどり、特ダネを報じていく。報道各社のスクープ合戦が熾烈を極めれば極めるほど、紙面での事件の扱いは大きくなる。そして、事件は不謹慎なほどに盛り上がる。

もう一つは、発生場所だ。東京や大阪で事件が起きると、扱いが大きくなる。つまり、警視庁や大阪府警の管轄エリアの場合に、騒ぎが大きくなるということだ。その理由は、じつにシンプル。東京や大阪には全国紙の本社や民放のキー局があり、なおかつ読者も多いからだ。

新聞各紙の社会部は、事件担当の部署を「花形ポスト」にしている。そして、全国紙の本社がある東京や大阪では、警察取材だけを専門にする記者を特別に配置している。各紙は警視庁や大阪府警の事件こそが、事件取材の主戦場と受けとめているのだ(警視庁記者クラブ、大阪府警記者クラブという名称を耳にしたことのある方も多いだろう)。

それはつまり、「どんな事件か」よりも「捜査の主体はどこなのか」が、ニュースの大きさを左右する面があることを意味する。もし、同じ事件が九州や四国の田舎で起きても、東京や大阪ほどには大きく扱われないということだ。

事件報道には、あらかじめ偏りがある。その傾向は、この先で触れる少年事件でも、大きく変わらないので留意していただきたい。


小松川事件は、この両方の条件を満たしていた。

読売や警視庁にかかってきた怪電話の主（犯人）はだれか。動機は何か。警視庁は目撃者の割り出しに心血を注ぎ、被害者の交友関係を洗い出した。こうした捜査の過程を、報道も後追いし、朝刊と夕刊で手厚く報じたのである。

当時、犯人を追っていた警視庁の寺本亀義・捜査一課長が、各紙の取材に応じている。「九月一日の新学期までには逮捕したい」と決意を述べ、そのコメントが紙面に掲載された。犯人が捕まらないあいだには、作家の松本清張らが各紙の社会面で犯人の予想を述べるなど、事件はミステリー小説さながらに盛り上がった。

「犯人」は、遺体発見の後も読売に電話をかけて、挑発をつづけた。「これから警視庁に自首します」、「自分は20歳の堀田慶四郎という男だ」、「殺害の動機は、三角関係」、などと記者に打ち明け、そのたびに読売は「特ダネ」として犯人とのやり取りを報じた。だが、実際には

「犯人」は自首もしなかったし、堀田は架空の人物。被害者との面識もなかった。報道はコケにされたのである。

「犯人」は、警視庁に設置された捜査本部にも「俺のやったことは完全犯罪だ。おれはつかまらない」などと書いた手紙を送りつけた。手紙には被害者が持っていた手鏡も同封されていた。さらに、遺族の自宅にも被害者の櫛を郵送していた。劇場型犯罪に、捜査当局も翻弄されつづけたのだ。

事件が動いたのは、遺体発見から12日後。警視庁が、小松川高校の定時制1年の18歳の少年を逮捕したのだ。捕まった少年は、調べに対し女子高生の殺害をあっさりと認めた。

決め手となったのは、犯人の声だった。読売は「犯人」からの電話を録音し、そのテープを警視庁に渡したのである。それを受け取った警視庁は、音声をＮＨＫやニッポン放送などに提供。ラジオで放送すると、多くの情報が寄せられ、少年が容疑者として浮かび上がったのだ。

「女高生殺し捕まる　同校一年生の工員」（朝日）
「女高生殺し捕まる　一年生の18少年」（読売）
「女高生殺し捕まる　在校定時制一年の18少年」（毎日）

この少年逮捕を、読売、毎日は実名、顔写真付きで報じた。読売は夕刊の社会面で大きく扱い、毎日は一面だった（朝日は号外を出したものの少年を匿名にした）。

当然ながら、少年法は、罪を犯した少年について、名前や年齢、職業、住所、容貌など、本人とわかる報道（推知報道）を禁じている。

法律があるにもかかわらず、読売と毎日は実名を報じたのである。

じつは、この時代には少年の逮捕の際に、実名や写真を報じているケースが、ままあった（読売、毎日は実名傾向が強く、朝日の記事にも散見される）。

５歳の少女を殺害した16歳の少年（神奈川・55年）／タクシー運転手を刺殺した19歳の少年（東京・55年）／母と弟３人を毒殺した19歳の少女（東京・56年）／米国人の貿易商を殺害した16歳の少年（神奈川・57年）――。

紙面を開いてみると、こうした事件では、少年や少女の実名が載せられている。匿名・実名は各紙でバラつくが、実名の場合でも、特段の「おことわり」はない。

なぜ、少年でも実名を報じたのか。少年法には推知報道の禁止の規定はあるが、破ったとしても罰則はない。この禁止規定よりも、憲法で保障する表現の自由が上回るケースがあると考えられていた、ともいわれる。

いずれにせよ、戦後の少年事件の揺籃期には、「大人」と「少年」の区別が曖昧だった。「大人」ではない少年が、人を殺す理由になど、まだ特別な注目が集まっていなかったのである。

ただ、小松川事件では、少年逮捕の報道だけでなく、取り調べでの一問一答から、少年の人となりや、逮捕後に食べた昼飯のメニューに至るまで、続報でも実名と写真が載りつづけた。警視庁が捜査した事件でもあり、続報が多い事件だったのである。

加害者の「親の立場」に立った自主規制

こうした実名、写真付きのエスカレートした報道にクレームを入れたのが、法務省だった。この抗議を受けて、報道、最高裁、法務省、弁護士会による協議が開かれる。そして、1958年12月、日本新聞協会（新聞やテレビなどで構成する団体）は、少年事件を匿名で報道する方針を示す。

ただ、協会が策定した指針は、あくまで自主規制だった。

当時は今よりもずっとメディアが「報道の自由」を強調し、世間からもおおむね好意的に受け入れられていた時代だった。何しろ１９５８年にＮＨＫが放送したテレビドラマ「事件記者」が視聴率40％を記録し、シリーズ化するお化け番組になった時代である。そうした世論も後ろ盾にして、報道優位の指針が策定されたのである。

少年事件を匿名報道にする理由として、協会が示したのは、こんな内容だった。

「少年法61条は、未成熟な少年を保護し、その将来の更生を可能にするためのものであるから、新聞は少年たちの〝親〟の立場に立って、法の精神を実せんすべきである」

「罰則がつけられていないのは、新聞の自主的規制に待とうとの趣旨によるものなので、新聞はいっそう社会的責任を痛感しなければならない」

ただ、協会は匿名を原則にしつつ、法律にはない例外のケースも設けた。

▽非行少年が逃走中で、放火、殺人など凶悪な累犯が明白に予想される

▽指名手配中の犯人捜査に協力する

――このような場合などには、少年保護よりも社会的利益の擁護が強く優先されるので、実名報道がありうる、としたのである。

少しわかりにくいが、新聞協会は、匿名にする理由を「少年法が禁じているから」とはして

いない。「親の立場に立って」、法の精神を実践すべきだ、としている。ここでいう「親」とは、「被害者」ではなく「加害者」の親を指している。この「親の立場に立って」という方針が、その後の少年事件の報道に強く影響を与えていくことになる。

ちなみに、少年法の理念の根底には「国親思想」という考え方がある。国親思想には、少年や少女が罪を犯した背景には家庭や学校の養育機能が働かなかったことがあり、本来であれば受けられるはずの保護を受けられなかった事情があった――とする少年観がベースにある。少年を単なる大人のミニチュア＝小さな大人、とは見ない。未熟な存在であるからこそ、国が親に代わって面倒を見る、という考え方が国親思想だ。

この国親思想的な視点でみると、小松川事件には劇場型犯罪とは別の側面もあった。加害者の少年は、在日朝鮮人だった。中学時代は、生徒会長も務めた秀才だったが、父親はアルコール依存症でまともな職に就けず、貧しさにあえいでいた。そのために少年は普通高校への進学もかなわなかったと報道された。少年の養育環境は、劣悪だったのである。

だが、少年は逮捕後に刑事裁判へと逆送されると、わずか半年後に東京地裁（関谷六郎裁判長）で死刑判決を言い渡された。

判決後に関谷裁判長が朝日の取材に答えた記事が残っている。そこには、今の常識からみれば差別や偏見とも取れる発言が含まれている。「被告は残忍性にマヒしているところが多分にある。電話で完全犯罪を誇示したなど不敵な振る舞いの動機も常人には理解できないが、文学にふけってその中の邪悪な要素だけをかたよって吸収したのではないかと思う。判決を下したときも顔色を変えなかった」。

犯人が「少年」であることに敏感だったのは、報道や司法よりも、むしろ文壇だった。

死刑判決後、事件の背景には貧困や国籍による差別があったとして、作家の大岡昇平や吉川英治らが中心となり、少年の助命請願運動が起きた。この前年に史上最年少の23歳で芥川賞を受賞した大江健三郎は、少年をモチーフにした小説「叫び声」を上梓。文芸評論家の秋山駿も少年の心のうちを描いた「想像する自由」を雑誌に寄稿して話題を呼んだ。

しかし、少年の死刑判決は、東京高裁、最高裁でも覆らずに死刑が確定。62年11月に死刑が執行された。発生からわずか4年余り。少年事件としては、今では考えられないスピード展開だった。

たった一人で政治を翻弄した少年テロリスト「山口二矢」

小松川事件を機に協会が定めた方針は、2年後にあっけなく破られる。

プロローグで触れた山口二矢の事件が起きたからだ。

1960年10月12日。事件は、東京・日比谷公会堂で発生した。この日は、自民、民社、社会の3党首による立会演説会が開かれていた。午後3時すぎ、民社党の西尾末広の演説が終わり、社会党の浅沼稲次郎が登壇する(その後には、池田勇人首相の演説が控えていた)。

演説を会場で聞いていた山口は、とつぜん立ち上がって舞台に駆けあがると、その勢いのまま短刀で浅沼を刺殺した。そしてその場で現行犯逮捕された。

刺殺の瞬間は、NHKも映像でとらえていた。この演説会を録画していたのである。

その映像を見ると、会場は聴衆であふれかえっている。ヤジが激しく、司会を務めたNHKの小林利光アナウンサーが、「静粛に」と繰り返している様子も映しだされている。浅沼がダミ声で演説をはじめてしばらくすると、学生服にコートを羽織った山口が、猛烈なスピードで浅沼に駆け寄り、その胸とわき腹を刺している。それは、刃物で刺すというより、全精力をぶつけた体当たりだった。激しい衝撃で、山口のかけていた丸眼鏡が吹き飛んでいる。

「自分は力も体力もないから、刺そうとすれば体をかわされて失敗する。自分の腹に刀の柄の頭をつけて、刀を水平に構えて走った勢いで体当たりすれば、必ず相手の腹を刺すことができると思った」

後に山口は、警視庁公安二課の調べにそう供述している。

17歳による政治テロ。山口は事件の直前まで、赤尾敏が率いる大日本愛国党に入党していた。だが、彼はあくまでも単独の犯行だと供述した。

「浅沼委員長を倒すことは日本のため、国民のためになることであると堅く信じて殺害した。自分一人の信念で決行したこと」。調べに取り乱した様子はなかったという。

戦前には青年将校たちによる政治テロが相次いだ。五・一五事件で犬養毅首相が射殺され、二・二六事件で高橋是清蔵相が殺害されるなど、思想が若者を駆りたてた。

だが、山口の事件は、戦後初めての政治家の暗殺だった。

「浅沼委員長　刺殺さる　犯人・右翼少年を逮捕」(朝日)
「浅沼委員長刺殺さる　犯人(大東文化大学学生)を逮捕」(読売)
「浅沼委員長刺殺さる　犯人は十七才の少年」(毎日)

各紙は街頭で号外を撒いて事件の発生を伝え、夕刊の一面でも報じた。今度は朝日を含めて、全紙が実名だった。

「浅沼氏暗殺　政局に大波紋」(朝日)
「浅沼刺殺事件　政局に衝撃」(読売)
「浅沼氏刺殺・政局に衝撃」(毎日)

翌日の朝刊でも、各紙は一面トップでこの事件を報じた。

ちなみに、新聞という紙媒体の特徴は、テーマ別に紙面を割り振り、一覧性を高めていることにある。事件や事故なら社会面、政治は政治面、経済は経済面、海外の話なら国際面、のように各分野ごとに扱うページが振り分けられている。

だが、その原則が崩れるのが一面だ。政治、経済、社会のジャンルを問わず、その日の最も大きなニュースを報じるページだからだ。

当時の紙面を開いてみると、全紙そろって少年事件を一面で取りあげるケースは、ほとんどない。だが、この山口二矢の事件は特別だった。例外的に一面で報道されたのである。

事件は少年事件を超えて、政治家へのテロとして扱われた。事件翌日以降の紙面でも、警察庁長官らの責任が追及され、右翼の取締強化の必要性が訴えられた。国会の解散と総選挙が予定されていた時期でもあり、政府も選挙日程の調整などの対応に追われた。一人の少年の蛮行が、国政を動かしたのである。

時は、まさに安保闘争まっただなか。テロ行為に及んだのは、何も山口だけではなかった。山口の事件に先立つこの年の6月には、社会党顧問の河上丈太郎衆院議員が、20歳の工員にナイフで刺された。7月には、退陣間近の岸信介首相が、総理官邸で65歳の男に短刀で刺されている。二人とも命には別条はなかったが、安保をめぐり、暴力的で不穏な空気が醸成されていた。安保闘争は若者の心を動かしており、国会突入デモで東大生の樺美智子が亡くなったのもこの年だった。この時期の若者たちは、政治の季節に生きていたのである。

今でこそ、政治に無関心だといわれるが、60年代の若者たちは政治への関心が高かった。そして、山口もその一人だった。この一連の顚末は、後にノンフィクション作家の沢木耕太郎が「テロルの決算」として著しており、知る人も多いだろう。

山口は警視庁の調べに、河上を襲撃した20歳の工員について触れ、「本当に国を思った純粋な気持ちでやったと敬服した」と供述している。17歳の山口にも、政治のうねりが少なからず影響していた。

それにしても、新聞協会の方針があったのに、各紙はなぜ山口を実名で報じたのか。読売は「読者と編集者」という小欄で、実名報道をした理由を、こんな風に明らかにしている。

「今度の浅沼委員長刺殺という事件は、一般の傷害殺人事件とは比較にならないほど重大です。単に成人だからとか少年だからということではなく、日本の政治上大きな影響を及ぼすものです。(中略)反社会的行動をした人間の行為を大衆の福祉のために伝えることと、人権を守るということとは別問題です。(中略)こんどの事件の場合、やむをえず姓名を紙面にだしました」

また、後に新聞協会の前田雄二事務局次長は「政治的な事件でもあり、各紙の社会部長会で、少年保護よりも社会的利益が強く優先するケースにあたると判断した」としている。

山口は、その年の11月、東京少年鑑別所の単独室で自殺した。ベッドのシーツを裂いて、裸電球を覆う金網に巻きつけ、首をつった。各紙は山口の自殺も、実名、顔写真付きで一面で報

演説中，17 歳の山口二矢に短刀で刺された浅沼・社会党委員長（日比谷公会堂，1960 年 10 月 12 日）．写真提供：毎日新聞社

じている。

世間がとらえた山口は、先鋭的で、早熟で、反俗的な少年だった。殺害の動機は、テロリズム。政治的な山口の存在は大人と同様に扱われた。彼は少年法が想定するような「保護」されるべき「少年」像からはかけ離れている、と捉えられていたのである。

だが、その一方で、この事件は、あまりにも政治的な側面ばかりから報じられており、少年としての山口の姿が見えづらい、ともいえた。

山口の叔父は、作家の村上信彦だった。彼は雑誌「婦人公論」に寄稿し、山口と父との関係について、こう書いている。

「私は永年、氏（二矢の父）とつきあってきたが、子供と打ちとけて語り合う姿を見たことがない。反対に、命令と一喝で片づける場面はたびたびあった。一喝主義が彼の家庭教育であったと思う。どこの子供にも反抗期というものがあるが、兄（寄稿では実名）にしても弟の二矢にしても反抗期らしいもののみられないのが特徴である。そうした子供らしい自由な芽は刈り取られていた。口数の少い、自己表現のないこの子供たちの抑圧心理が、どのようにゆがめられて外部に奔出する危険があるかは想像できる」

村上は、事件の背景に二矢と父との複雑な親子関係を見ていた。その指摘は、今の典型的な少年事件の見立てと重なる。

だが、こうした見方が世間に広がることはなかった。

テロに走る早熟の少年たち　未熟な少年犯罪にこだわらなかった社会

テロ事件の余波は、政治を離れて言論の分野にも広がる。山口の事件から4カ月後。今度は中央公論社の社長宅が、17歳の少年に襲撃される。

社長の嶋中鵬二は不在だったが、家政婦の女性（50）が登山ナイフで刺殺され、嶋中の妻も重傷を負った。

この少年も、事件前日まで右翼団体に所属していた。少年は犯行の翌日に自首。出版社のトップを狙った動機は、雑誌に掲載された小説「風流夢譚」だった。

作家の深沢七郎の手によるこの小説は、皇族が登場人物。過激な描写を問題視した宮内庁が名誉棄損での提訴を検討すると報じられるなど、掲載直後から物議をかもしていた。

少年は、この小説の内容に憤慨し、社長宅を襲撃したのである(この風流夢譚事件により、メディアによる皇室批判がタブー化されたともいわれる)。

「けさ犯人つかまる　十七歳の少年　元大日本愛国党員」(朝日)
「中央公論社長宅襲撃犯人つかまる　17歳の元愛国党員」(読売)
「けさ浅草の交番で　右翼少年(一七)を逮捕」(毎日)

——各紙はこの事件でも、少年の逮捕を実名、写真入りで夕刊の一面で報じた。

この事件の実名報道も、新聞協会が定めた方針とは異なっていた。少年が逃走中ならまだしも、彼はすでに逮捕されていたのである。山口と同様に、この事件の少年も、早熟で先鋭的なテロリストだった。保護されるべき「子供」とは見られなかったのである。

ただ、60年代には、政治テロのような大きな意義付けのない少年事件については、各紙は匿名報道へと舵を切っている。ためしに山口二矢の事件があった1960年の紙面を開いてみる。住み込みの17歳少年が同僚刺殺（東京・6月）／16歳高校生が父刺殺（同・同）／18歳工員が人妻刺殺（東京・7月）／18歳高校生がパチンコ店員刺殺（神奈川・12月）／17歳高校生が同級生刺殺（大分・12月）／中学3年が同級生を刺殺（神戸・12月）——。

今であれば、どれも社会面アタマで扱われてもおかしくないニュースだが、いずれの事件も、名前は「少年A」のように匿名で報じられている。50年代に散見された実名報道は、60年代には確実に減る。逮捕の報道も、社会面の十行あまり～数十行の記事にとどまっている。少年事件は、特別なことがない限り、大きく報じられなくなった。

少し細かくみると、たとえば60年11月、東京・足立区で8歳の女児が川で死亡しているのが見つかった。犯人が逃走し、警視庁が捜査するという、記事が大きくなるパターンにあてはまったため、発生当初は大きく報じられた。しかし、それが16歳の少年とわかると、記事は一気に小さくなった。少なくとも、事件に「子供」の要素が含まれる少年事件は、加害者の「親の立場」に立って実名が報じられなくなり、記事の扱いも小さくなったのである。

少年法VS国民の知る権利

１９６０年代は、少年による殺人事件のピーク期にあたる。犯罪白書によると、少年による殺人の検挙人数（未遂を含む）は、１９５１年と61年が４４８人と戦後最多。48年から67年まで、３００人以上で推移している。単純に少年が１日に１件前後の殺人事件を起こしている計算になる。

山口二矢の事件と風流夢譚事件の後しばらくは、世間を騒がせた事件で少年を実名にするか、匿名にするか、各紙で揺れが生じている。

１９６５年７月、神奈川県座間町（現・座間市）でライフル銃を持った18歳の少年が、警官を射殺する事件が起きた。少年は一般人の車を奪って逃走。東京・渋谷区の店舗に立てこもって警官と銃撃戦を展開し、18人を負傷させた。

朝日、毎日は少年の逮捕を匿名で報じたが、読売は実名だった。読売は「時のことば」という小欄で「社会的利益を守る方が優先と考えたためであって、二度とこのような事件をくり返さないという願いと、氏名の発表によって、周囲の人たちがどうして未然に事件発生を防げなかったかという反省の材料にしたい」と、実名の理由を説明している。

1966年2月、京都市で警官からピストルを奪い17歳の少年が主婦2人を殺傷した事件では、京都府警が少年の公開捜査に踏み切り、各紙が実名と写真を掲載。しかし、少年が逮捕されると、すぐに全紙が匿名に切り替えた。

こうして60年代までの紙面を見ると、当時は「私人のプライバシー」よりも、「国民の知る権利」や「表現の自由」が、より優先された時代だったことがわかる。少年法が実名報道を禁じている一方で、「国民の知る権利」をいたずらに阻害しないという意識が、権力者側にも強くあったことが伝わってくる。

「国民の知る権利」を尊重する姿勢は、たとえば「裁判官は弁明せず」の寸言で知られる司法の世界でも、はっきりと表れている。今では裁判官が担当事件について口にしないのが鉄則だが、この時代は法廷外の発言が活発だった。

戦後最大の冤罪事件といわれる松川事件では、差し戻し控訴審(61年)で被告17人全員に無罪判決を言い渡した門田実裁判長が、自ら記者会見をした。「判決文はすべて国民の批判にたえうると確信している」と判決後に述べている。被告5人中4人に死刑や無期懲役判決と、無罪判決が繰り返された八海事件でも、有罪、無罪判決を出した1、2審の裁判官から最高裁の裁判長まで、そろって新聞社の取材に答えている。いずれも取材に応じた理由は、「国民への説明責任がある」という趣旨だった。

貧乏が犯罪に走らせた　永山則夫の独白

1960年代前半の17歳による二つのテロ事件以後、社会のありかたを揺るがすような少年事件は、しばらく途絶える。

だが、1968年、少年事件の報道を大きく変える事件が起きる。それは、戦後の少年犯罪史上、もっとも後世に影響を与え、報道が成人と少年のあいだに明確な境界線をひいた事件だった。戦後の「少年事件」が誕生した、といっても過言ではない。

19歳の少年、永山則夫《ながやまのりお》による連続ピストル射殺事件である。

1968年10月〜11月にかけて、永山は東京、京都、北海道、愛知と逃走しながら、警備員らを次々とピストルで射殺した。

米海軍の横須賀基地で回転式拳銃を盗んだ永山は、まず東京・港区の東京プリンスホテルの庭内で、夜警中のガードマン(27)の顔面に銃弾2発を撃ち込んだ。その3日後には京都市の神社で警備員(69)を射殺。さらに北海道函館市の郊外でタクシー運転手(31)、名古屋市でも同じくタクシー運転手(22)を射殺した。わずか1カ月で犠牲者は4人。無差別の連続殺人だった。犯行後、永山は逃走していた。一連の事件で使われた凶器の拳銃が22口径で、銃弾も同一だったことから、警察庁は同一犯と断定したが、犯人を特定できなかった。

事件は「広域重要指定事件」となり、警視庁はもちろん、全国の警察が捜査協力体制を取った。大がかりな張り込みや聞き取り捜査が実施され、犯人の可能性がある人物として、17万7000人が捜査対象になった。

「犯人が逃走している」「警視庁が(さらに全国の道府県警も)捜査」と、この事件は先に触れた報道が「事件を大きく扱う」条件を二つとも満たしていた。

各紙の報道は、永山が捕まる前から過熱。逮捕の前から一面をにぎわせていた。

最初の事件から半年後の1969年4月。永山は、東京・渋谷の明治神宮参道で捕まった。

「連続ピストル射殺事件　19歳のボーイが自供」(朝日)
「連続射殺魔ついに逮捕」(読売)
「連続射殺魔　つかまる」(毎日)

各紙は、夕刊一面で大きく見出しを付けて永山の逮捕を報じた。少年事件としては、破格の扱いだった。

この事件でも、各紙の対応は分かれた。

実名で報じたのは、朝日と読売。さらに永山の顔写真も掲載した。匿名だったのは毎日だ。写真も、永山の容貌がわからないように遠めからのものを掲載した。

毎日は「おことわり」で「少年はすでに逮捕されて再犯の恐れがない」と匿名の理由を説明。一方で朝日は新聞協会の規定に基づいたとした上で「事件の社会的意味が大きく、少年の人格、育った環境などを詳しく報道しなければ事件の本質を解明できないと判断した場合は氏名、写真も掲載する」とその理由を明らかにしている。

永山の事件は、山口二矢のような政治テロではなく、かといって小松川事件のような劇場型でもなかった。だが、被害者が4人に上ったこともあり、各紙は当初、19歳の永山を凶悪な「射殺魔」ととらえていた。

「ゆがんだ欲求不満『でかい事』にあこがれ」（朝日）
「内気で孤独、放浪癖　青森から集団就職」（読売）

「〝カッコいい〟生活の末路」（毎日）

――各紙は夕刊や朝刊の社会面で、このような見出しで永山を報じた。

誇大妄想がもたらした、浅はかで単純な犯行。お定まりのパターンだ。永山の犯行の背景を丁寧に掘り下げるような記事は、ほとんどなかった。永山が少年であることにも無頓着だった（むしろ、少年法は寛大すぎるという記事が散見される）。

この事件でも、永山が少年であることに強い関心を示したのは、作家や映画監督など知識人だった。

永山の逮捕後、作家の寺山修司は毎日に寄稿文を書いた。永山と同郷の青森で育った寺山は、彼の犯罪を「一挺のピストルを手に入れることによって、現実と虚構の国境をこえてしまった」と評した。評論家の江藤淳は、朝日に寄稿。犯行をトルーマン・カポーティの「冷血」と重ね合わせた。映画監督の新藤兼人は、永山をモチーフにした映画「裸の十九歳」を発表した。

今でいうところの「バズる」現象が続いたのである。

さらに東京家裁から逆送され、東京地裁での刑事裁判が進行中に、永山が手記を出版すると、ますます世間の関心に火がついた。拘置所でノートに書きつけた詩や散文がまとめられた手記のタイトルは「無知の涙」。自らの境遇を呪い、資本主義を批判する檄文だった。

そこに記された、こんな言葉が世間に刺さったのである。

「貧困が無知を誕《う》むのじゃなくして、資本主義社会体制自体が無知を造るのだ！　と、そのことを自身なりに発見できた現在の私は、否、学問をしてそれを教えられた現存在は、完全なる社会的人間と成長したと言っても僭越な言葉ではないであろう。しかし、こうなってからでは時期が遅いのだ。犯罪者と成ってからでは時期は遅いのだ。まして尚更に、強盗殺人犯などという、とてつもない者になってからでは非常に遅いのだ!!」

永山は北海道網走市の長屋で生まれ、青森の北津軽で育った。父は博打打ちで放蕩、母は行商をしていて、8人兄弟の7番目の子である永山の面倒を見なかった。今でいうところのネグレクト（育児放棄）である。

中学卒業後に「金の卵」の一人として上京し、集団就職。だが、定職に就くことができずに転々としていた。彼が事件を起こした1968年は、国内がいざなぎ景気で沸き、国民総生産（GNP）が米国に次ぎ第2位となった年でもあった。しかし、永山はそんな高度経済成長から置き去りにされていた。

窃盗や強盗などを含めた当時の少年犯罪は、生育環境の劣悪さが背景にある事件が多いとされている。その意味では、少年犯罪は社会の病理だった。当時、少年院に収容された少年のうち半数は貧困家庭だったともいわれる。

「事件が起きたのは、俺が無知だったからだ。貧乏だから無知だったんだ。俺のような男が、こうしてここにいるのは、何もかも貧乏だったからだ。俺はそのことが憎い」

永山はそういって、公判中に裁判長に食ってかかることもあった。

時代は高度経済成長真っ盛りの一方で、ベトナム戦争が泥沼化し、学生運動もピークに達していた。鉱山からの排水によるカドミウム汚染で起きた「イタイイタイ病」が初の公害認定されたのも1968年だった。

そうした状況で、「無知の涙」を出版した永山は、同い年の村上春樹よりも早くデビューし、ベストセラーを生んだ早咲きの作家だった。手記で資本主義体制を批判した永山は、一躍、時代の寵児になる。「動機なき無軌道な殺人」と目されていた事件は、「貧困が生み出した悲劇」へと意味合いを変えた。

永山という少年が人を殺した背景にあったのは「貧困」。こうして永山は、資本主義という体制の「落とし子」として報じられるようになったのである。

「少年事件」の誕生

永山の事件が少年事件史、さらに刑事事件史を変え、少年事件をめぐる報道をも変えさせたのは、高度経済成長という時代背景だけが理由ではない。彼をめぐる刑事裁判が、大きな議論を呼んだことも大きい。

永山の刑事裁判は１９６９年に始まり、最高裁で死刑が確定したのは１９９０年。じつに20年以上の歳月を要した。

当時は大量の証拠に基づいて詳細に事実認定をし、犯罪の動機から背景、社会的な影響まで、つぶさに真相解明を求める「精密司法」が主流だった。裁判員裁判が導入され、手続きが簡素化された「核心司法」に比べると、きわめて丁寧に事件を審理する時代だった(とはいえ、永山の裁判は、圧倒的に長かった)。

そして、永山の裁判は長期にわたっただけでなく、量刑が死刑と無期のあいだで揺れた。

最初の東京地裁の判決は、逮捕から10年後の１９７９年7月。死刑だった。

簑原茂廣《みのはらしげひろ》裁判長は「極刑は慎重を期してやむをえない場合に限るべきもので、犯人が少年の場合はとくにその配慮が必要」としながらも、「善良な市民の生命を、残虐な方法、態様で次々と奪い、その家族らをも悲嘆の底に陥れた。非人間的な所業だ」と死刑の理由を述べた。

ところが、それから2年。東京高裁は死刑判決を破棄し、無期懲役を言い渡す。生死の観点からいえば、地裁と高裁で正反対の判断を示したのである。

東京高裁の船田三雄裁判長は、少年法が18歳未満の少年の死刑を禁じている点に触れながら、無期懲役に減刑した理由を、こう述べている。

「少年に死刑を科さない少年法の精神は、年長少年(18歳以上の少年)に死刑を科すべきか否かの判断に際しても、生かさなければならないだろう。(中略)被告人は犯行当時19歳であったとはいえ、精神の成熟度においては、実質的に18歳未満の少年と同視しうる状況にあったとさえ認められる。そのような生育史を持つ被告人に、その犯した犯罪の責任を問うことは当然であるにしても、全ての責任を被告人に帰せしめ、その生命をもって償わせることにより事足れりとするのは、酷に過ぎはしないだろうか」

長い勾留期間のあいだに、永山は文通相手と獄中結婚していた。「無知の涙」の印税は、遺族への賠償に充てていた。船田裁判長は、こうした事情を考慮したうえで、さらにこう続けた。

「劣悪な環境にある被告人に、早い機会に救助の手を差し伸べることは、国家社会の義務である。その福祉政策の貧困もその原因の一端というべきなのに、これに目をつぶって全てを負担させることは、片手落ちの感を免れない」

少年犯罪を、少年個人のみの責任にしない。少年を社会から置き去りにされた存在としてとらえ、国が手を差し伸べる必要がある。

船田裁判長が言い渡した判決は、刑事裁判でありながら、驚くほど少年法の理念と重なり合っている。

「犯行、貧困福祉も一因」（朝日）
「福祉に一因　本人も反省」（読売）
「福祉の貧困も原因」（毎日）

各紙とも社会福祉の貧困を見出しにとって、朝刊の一面や社会面アタマで判決を報じた。

だが、死刑、無期をめぐる司法判断は、これで終わらなかった。この高裁判決を「判例違反」だとして、東京高検が上告したのである。

刑事裁判で上告できる理由は、原則として憲法違反か判例違反、この2つに限られる。だが、検察の主張は、実質的に「量刑不当」の主張だった。朝日はこの上告について「今日の問題」

というコーナーで「わが国の最高裁が、量刑不当だけを理由に下級審の判決を破棄するのはまれな例外で、ことに被告に不利な方向に破棄した例は絶無といってよい。したがって検察とすれば勝算の立てにくい上告に踏み切ったわけだ」と解説している。

ところが、この上告は受理される。高裁判決から2年後の83年、最高裁は無期判決を破棄し、高裁に再び審理をするよう差し戻したのである。

このとき最高裁が示したのが、後の刑事裁判に大きな影響を与えることとなる「永山基準」だった(最高裁は基準という言葉を使わずに「考慮要素」としている)。

この永山基準は、死刑か否かを判断する材料として、以下の9項目を示している。

▽犯罪の性質▽動機、計画性など▽犯行態様、執拗さ・残虐性など▽結果の重大性、特に殺害被害者数▽遺族の被害感情▽社会的影響▽犯人の年齢、犯行時に未成年など▽前科▽犯行後の情状。

永山の事件が、少年事件史を超えて、刑事裁判の歴史を変えたといわれるのは、この永山基準のためである。以後の事件の刑事裁判では、死刑か否かの判断をする際に、この9項目が考慮されるようになる。

差し戻された裁判で永山は1990年4月、死刑が確定した。じつに1審から21年後のことだった。

大人の「ミニチュア」ではない少年

永山の事件は、20年の歳月を費やしながら、人格の発展途上にある少年に死刑が適当か否かという議論を巻きおこした。その議論を通じて、永山の事件は、少年事件とは何かを世に問いかけた。そして時間を経るにしたがって、少年は単なる大人のミニチュアではない、という「少年」観が世間に広がった。また、長期にわたる裁判で死刑、無期、死刑と運命が反転したことで、更生とは何かを世に問いかけた。

そうした観点から永山の事件をとらえると、この事件は、少年事件史の「一丁目一番地」ともいえる最も著名なものだった。少年事件の「少年」像の原点は、この事件にあるといっていい。

ただ、少年事件のモデルケースともいえるこの事件でさえも、見逃された視点がないとはいえない。それは、家庭内での「虐待」という視点だった。東京地裁の審理では、医師の石川義博が約9カ月にわたって精神鑑定を実施し、永山の複雑な家庭環境や個人的な特質を調べていた。

その結果、浮かびあがったのは、永山一家の壮絶な虐待の歴史だ。彼は幼いころから満足に母から食事を与えられず、愛情も注がれず、一時は捨てられた。今でいうネグレクト(育児放棄)である。学校にもほとんど通えず、家庭内では兄弟からも激しい暴力を受けていた。こうしたつらい経験が、永山の屈折した人格形成に深く影響していた——と石川は鑑定していたのである。

石川は永山本人だけでなく、母や兄弟にも長時間にわたり聴き取りをしていた。そして、母も幼いころに虐待を受けており、虐待の連鎖があったことまで調べあげていた。

しかし、東京地裁の判決では、この石川鑑定はほとんど考慮されなかった。そしてこうしたネグレクトに報道や世間が関心を持つことは少なかった。育児放棄が虐待だという認識が広がるのは、まだずっと先のことだった(そうした報道がはじまるのは1990年代に入ってから)。

つまり永山の事件は、資本主義という体制への反逆、社会福祉の欠如、という大きな文脈で世間に語られ、少年事件と貧困との因果関係に注目が集まった。その一方で、少年事件と虐待という家庭内の問題、とりわけネグレクトの問題については、まだ社会が注目するには至らなかった、ともいえるのである。

第2章
経済成長期 家庭と教育の少年事件
少年事件とは、子供の事件

1969年の酒鬼薔薇事件
正寿ちゃん誘拐殺人事件
暴走族、家庭内暴力
川崎金属バット殺人事件

まるで「酒鬼薔薇《サカキバラ》」1969年の首切断事件

永山則夫が逮捕されてから、2週間余りが過ぎた1969年4月。川崎市で高校1年生(15)が惨殺された。カトリック系の進学校に通う少年の遺体が、学校近くのツツジ畑で見つかったのだ。胸と頭部に各12カ所、顔面に16カ所など、計47カ所をめった刺しにされ、あげく鋭利な刃物で首を切断されていた。

「高校生の首切落す　学校近く数人が襲う?」(朝日)
「高校生切り殺される　白昼、日本刀の三人組?」(読売)
「首、切落とされる」(毎日)

——各紙は、朝刊の一面や社会面で一斉にこの事件を報じた。

初報の段階で、犯人は逃走していた。報道が事件を大きく扱うパターンである。

事件現場には、同級生の少年が居合わせていた。シャツに大量の血を付けた少年は、神奈川県警の調べに「突然若い男三、四人に襲われた」と興奮した様子で話したという。

ところが、2日後。事態は急転する。

現場にいた15歳の少年が、殺人容疑で逮捕されたのだ。「突然、若い男が」という話は、すべて少年の嘘だった。

少年の証言は、当初から二転三転しており、矛盾点を署員に詰められると、少年は殺害を自供した。事件の被害者を装っていた少年は、虚言によって、それを隠蔽しようとしたのだ。

「悪ふざけ恨み仕返し」(朝日)
「親友の首に凶器のナイフ」(読売)
「日ごろの悪ふざけ思い　夢中でナイフ振う」(毎日)

朝日、毎日は朝刊の社会面アタマ、読売は一面で少年の逮捕を報じた。不可解な事件でもあり、記事の扱いは大きかった。だが、この事件は、山口二矢や永山則夫の事件のように、少年の名前や写真が掲載されることはなかった。加害者は、「少年A」。各紙とも、匿名で報じていた。

この事件は逮捕の報道こそ大きかったが、続報は数日で消え、やがて世間から忘れ去られる。少年が同級生を殺した理由について、深く掘り下げられることもなく、沈静化した。

ただ、この少年Aについて「クラスでは図書委員をつとめ『将来は弁護士になるんだ』と六法全書をむさぼり読んでいたという」と毎日が報じている。

この事件は四半世紀後、神戸の連続児童殺傷事件（1997年）の直後に注目されることになる。ジャーナリストの奥野修司が、月刊誌「文藝春秋」で「28年前の『酒鬼薔薇』は今」と題した特集記事を発表したからだ（後に書籍化）。少年の年齢や殺害手段の異様さが神戸の事件と似ているとされ、更に少年が社会復帰後に法曹資格を得ていたことから、世間の話題を呼んだのである。

四半世紀後に物議をかもした事件は、なぜ、1969年の発生当時には手厚く報じられなかったのか。

考えられる理由は、大きく二つある。

一つは、事件に社会性が見いだされなかったことだ。この事件には、山口二矢のような政治性や、永山則夫のような社会福祉の欠如などの問題がなかった。むしろ、加害少年を取り巻く、

〝閉じた〟個人的な事情が背景にあるとみられた。少年は、まだ15歳。報道は、いわゆる普通の少年の事件として、新聞協会の方針通り、加害少年の「親の立場」に立ったのだ。

そして、もう一つの理由は、司法手続きの問題だ。この事件は、家庭裁判所に送致された後、刑事裁判の手続きに入らなかったのである。

ここで、少年事件の司法手続きについて簡単に触れておく。少年事件の場合、たとえどんなに重大な事件であっても、加害少年の処分は、まず家裁が決める。刑事裁判に入る前に、少年法に基づいて、まずは家裁の少年審判で事件を審理する。

この少年審判が、非公開なのである。

周知のとおり、刑事裁判であれば、憲法が保障する「裁判の公開」に基づいて、誰もが裁判を傍聴できる。だが、少年事件の場合、審判は懇切に、和やかに開き、少年に内省を促す事を目的としており、一般人は傍聴することができない。国親思想に基づき、少年の親代わりを裁判官が務める非訟事件(訴訟ではない事件)として、非公開にしても憲法に反しないとされている。

先に触れた小松川事件でも、永山の事件でも、いずれも刑事裁判へと逆送されたことから、報道機関は審理を傍聴することができた。新聞記者は、少年の言動を法廷で確認し、裁判官の判決の言い渡しを聴くことができた。記事に必要な情報が入手可能だったのである。

ところが、「28年前の酒鬼薔薇事件」では、少年が逆送されずに少年審判で保護処分が決まった。そのため報道は少年審判を傍聴できなかったし、家裁は処分の理由さえ公表しなかった。報道は、事件の「その後」を知り得なかったのである。

少年審判の目的は、刑罰を科すことではない。少年の可塑性《かそせい》(しなやかな精神)を信頼し、少年を立ち直らせることにある。

その理念にはうなずける点がある一方で、少年審判はあまりにもブラックボックス化しているともいえた。だが、こうした少年事件の手続きの「閉鎖性」の問題を、当時の報道は疑っていなかったのである。

その問題が指摘されたのは、事件からずっと後のことだった(第4章で後述)。

吉展《よしのぶ》ちゃん事件の恐怖再び　少年事件の匿名化

同じ1969年、大きく取り上げられた少年事件は、別の事件だった。東京・渋谷で発生した無職の少年による男児誘拐殺害事件だ。その犯行は、乱暴で、残酷だった。そして、計画的なようでありながら、きわめてずさんだった。

正寿《まさとし》ちゃん誘拐殺人事件と呼ばれる事件だ。

1969年9月、19歳の少年が、登校中の小学1年の男児(6)を待ち伏せて、殴りつけたうえで近くの公衆便所に連れ去る。そして泣き叫ぶ男児を小刀で刺殺した。少年は男児を殺害後、恵比寿駅前のカバン屋で大型のボストンバッグを購入。男児の遺体をその中に入れると、タクシーで渋谷駅まで行き、手荷物預かり所にバッグを預けた。そのうえで男児の自宅に電話し、「500万円を出せ。さもないと子供を殺すぞ」と身代金を要求したのである。

身代金目的の誘拐殺人事件。犯人は特定されておらず、なおかつ捜査するのは警視庁。記事の扱いが大きくなるパターンだった。加えて、この事件には特別に大きく扱われた理由が、もう一つあった。

警視庁と報道機関の間に、事実上の誘拐報道協定が申し合わされたのである。

事件は、脅迫電話を受けた家族が警察に通報したことで発覚した。この段階で、男児の生死はわかっていなかった。このため警視庁は、人命優先を理由に、報道の自粛を求めたのである(新聞協会が誘拐報道協定の基準を正式に策定したのは1970年)。

この事件の6年前に、戦後最大の誘拐事件といわれる吉展ちゃん事件が起きていた。さらに事件の3カ月前には、東京・東雲で女児(10)が誘拐され、殺害されていた。吉展ちゃん事件の記憶がまだ残る世間にとって、この事件は社会的なできごとだったのである。

協定の解除は早かった。事件当日の夜、少年は渋谷区内をうろついていた。それを見つけた警官が職務質問し、逮捕につながったのだ。少年は調べに対し、すぐに犯行を自供し、男児を殺害したことも認めた。この時点で、報道は事件の記事化に踏み切る。

「学童を誘かい殺す」(朝日)
「小学生、誘かい殺される」(読売)
「少年を誘かい、刺し殺す」(毎日)

男児が殺害されたことで、報道協定が解除されるという最悪の結末。深夜の逮捕だったが、各紙とも、翌日付の朝刊一面に記事を突っこみ、事件を大きく報じた。

少年は九州から上京し、職を転々とした末に事件を起こしていた。殺害した男児には、事件前から狙いをつけていた。

「またも狂った19歳」「孤独・気弱な家出少年」（朝日）
「残忍なオオカミ」「調べにケロリ　まるで他人ごとのよう」（読売）
「防ぐすべない乱暴さ　なぐり泣叫ぶのを連去る」（毎日）

――各紙はこのような見出しを付けて、少年を厳しく指弾した。このころの少年事件の報道としては珍しく、連日にわたって事件の続報も掲載された。

ただ、派手でショッキングな見出しがつけられた一方で、各紙は少年の実名や写真の報道を控えた。毎日は逮捕時に一面に「おことわり」を入れ、「少年は逮捕されて再犯の恐れがないので、少年法の精神を尊重して氏名を伏せました」としている。

この事件のわずか5カ月前には、同じ19歳の少年、永山則夫の逮捕を朝日、読売両紙が実名で報じていた。だが、同じ社会的な事件でも、扱いには大きな差があった。この誘拐事件は大きく報じられ、世間を騒然とさせたにもかかわらず、各紙とも匿名を維持した。少年事件をめぐる報道のスタンスが、様変わりしたのである。

少年は、家裁から逆送され、東京地裁(熊谷弘裁判長)が1972年、少年に死刑を言い渡した。判決は東京高裁でも覆らず、1978年に最高裁で確定。79年に死刑が執行された。同じ年に逮捕された永山の執行が1997年であることを考えると、かなり早い執行だった。

少年事件が減れば、新奇性が増すか

1969年のこの誘拐殺人の後、新聞の一面に掲載される少年事件は、極端に減る。そして、少年の逮捕が実名報道されるケースも、ぱったりと途絶える。少年事件の「匿名化」が定着したのだ。

それどころか、1970年代に入ると、少年事件の記事さえ、その数が減っていく。少年事件が匿名化されるとともに、社会から埋没していくのである。

時代をざっと俯瞰してみよう。1970年代に入り、それまで活発だった学生運動が退潮する。政治の時代は終わり、経済の季節がはじまる。1970年には国勢調査で日本の人口が1億人を突破。国民の生活様式も変わり「一億総中流」の意識が広がる。永山のような貧困の問題は払拭されつつあった。

そして、少年による殺人事件も、70年代に入ると減っていく。犯罪白書によると、少年による殺人の検挙人数(未遂を含む)は、1951年と1961年の448人が最多。60年代は200〜400人台で推移していたが、70年になると、統計史上初めて200人を切る。それ以後は、今に至るまで60年代以前のレベル(200人以上)に戻ることはなかった。75年に95人と初めて3桁を割ると、以降は多くても100人をやや超える程度の水準で推移している(2010年以後に至っては平均50人)。

少年事件をめぐっては、重大な事件の件数が減ると、かえって事件の新奇性が増す、という指摘がある。事件が減ることで、かえって注目度が増し、ニュース価値が上がる——というパラドクスだ。少し時代を先に飛ばし、2000年以後の少年事件の報道についていえば、たしかにその側面がある。

しかし、凶悪な事件が減ったとはいえ、70年代に少年による殺人事件がなかったわけではない。

たとえば、70年代前半に目に付く事件だけ並べてみても、

14歳の中学3年生が、幼稚園児を小刀で刺殺(兵庫・70年)／15歳の中3少年が中1女子を絞

殺（神奈川・71年）／10歳の小5男児が男児（2）をマンション屋上で全裸にした上、殴って殺す（東京・72年）／18歳の少年が22歳の男と共謀し、男児（6）を身代金目的で誘拐した末に殺害（神奈川・73年）／埼玉で14歳の中学3年生が女児（4）を絞殺（埼玉・74年）／11歳の小学5年男児が主婦を刃物で刺殺（青森・75年）

——といった事件が発生している。

年端のいかない幼児が犠牲になったり、誘拐の末に殺されたりと、いずれも今なら一面や社会面アタマで大きく掲載される事件だろう。

しかし、70年代の報道をみると、紙面はじつに淡泊だ。少年が逮捕された際には、それなりの扱いで報じた事件もあるが、その後の続報は、ほとんど見当たらない（例外は72年の連合赤軍のあさま山荘事件ぐらい。一面で扱われたメンバー5人の逮捕で、うち2人は少年だった。読売のみ19歳の少年を実名で報じている）。

もちろん、報道が淡泊だった背景には、少年審判がベールに包まれていた事情もある。だが、少年事件について、新聞協会の方針に沿った「親の立場」に立った報道が定着したことも見逃せない。

このころから少年事件の「少年」＝「子供」の認識が広がってくる。

70年代以後の少年事件のキーワードは、「親子」。少年事件が減っていくのと同時に、少年事件の報道も抑制的になっていくのである。

匿名化され、集団化する少年犯罪

70年代に新聞各紙が注目した少年事件は、早熟で政治的なテロとされた山口二矢のような事件でもなく、貧困の末に犯行に走ったとされる永山則夫のような事件でもなかった。大人顔負けに「個」が立つ少年が消えつつある時代に注目されたのは、「中流」の家庭に育つ少年だった。それも、一人の少年ではなく、少年たちだった。

たとえば、それは「暴走族」の問題だった。経済成長とモータリゼーションの進展に伴い、オートバイが手軽に購入できる時代になり、スピードやスリルを求める少年たちの暴走行為が社会問題化した。

「暴走族」の名称が、各紙の紙面に登場したのは、1972年のことだ。カミナリ族、狂走族などと呼ばれていた集団が全国的に増える状況をみて、警察庁が彼らを暴走族と命名し、取り締まりをはじめたのだ。

ためしに各紙が「暴走族」という単語を使った記事をデータベースで検索すると、70年代の

10年間で、朝日が357件、読売が516件、毎日が342件。76年には神戸市の祭りで暴走族が集結し、神戸新聞のカメラマンが、取材中に袋だたきにされて死亡する事件が起きた。暴走族の少年たちは、単独で凶悪な犯罪を起こすわけではなかった。少年たちはみな、無名の集団だった。少年事件の匿名化は、無名の少年たちに注目を集める流れへとつながっていく。

少年事件の匿名化は、教育や家庭の問題への関心を高める方向にも向かった。1979年に共通1次試験がはじまると、学歴信仰が強まり、その学歴偏重を批判する報道が増える。家庭内暴力が注目されたのも、この時期だ。

70年代の少年事件の「少年」像は、早熟でも、個の際立つ小さな大人でもない。少年＝未熟な「子供」だった。報道も社会も、子供という観点を基軸にして、「親子」や「教育」の問題に焦点を絞っていく。

そして80年に入ると、不思議なねじれ現象が起こるのである。

少年事件ではない「少年」事件

1980年11月、川崎市の高級住宅街で、夫婦が惨殺された姿で見つかる。

夫(45)は一部上場企業の東京支店の支店長。東大卒のエリートだった。専業主婦の妻(46)とそろって、就寝中に鈍器でメッタ打ちにされて殺されていた。タンスの引き出しは、下から順に引き出され、預金通帳が放り出されていた。男性の財布からは、現金やキャッシュカードが抜き取られていた。強盗殺人事件の現場だった。

「高級住宅地で夫婦惨殺」（朝日）
「新興住宅街の惨劇　夫婦、強盗に殺される」（読売）
「夫婦、惨殺される　顔などメッタ打ち」（毎日）

各紙は夕刊の社会面トップで、この事件を伝えた。ところが、事件発覚の翌日に意外な犯人が捕まる。第一発見者だった浪人生の次男が、殺害を自供したのである。

深夜2時すぎ、次男は金属バットで父を殴り殺し、つづけざまに母も撲殺していた。夜中にパジャマを脱いでジーンズに履きかえ、ゴム手袋をはめて犯行に及んでいた。そして両親の殺害後は、血でぬれた金属バットを風呂場で洗って、証拠の隠滅を図っていた。現場も強盗の被害に遭ったかのように偽装しており、犯行は計画的だった。

川崎金属バット殺人事件として知られる事件である。

東大卒の父を持つ次男は、私立の進学高校に進んだが、その後、東大受験に失敗。一浪後も、東大はおろか、有名私大もすべて落ち、二浪中だった。

「犯人は二浪の次男　しかられ両親殺す」(朝日)
「夫婦惨殺は二浪の息子　父と兄に強い劣等感」(読売)
「二年浪人二男の犯行」(毎日)

――この次男の逮捕を、朝日は朝刊の一面、読売、毎日は社会面アタマで大きく報じた。記事では、受験をめぐる家族間のトラブルによって事件が起きたことが強調されていた。「親子」と「教育」の問題が、最悪の結末へと発展した事件として報じられたのである。

朝日は「入試に敗れ落差感/エリート家族内で屈折」といった見出しの別稿を掲載。読売も、「幼稚園でリーダー格/小学校で普通の子/中学校では目立たず/高校では劣等感さえ」、毎日も「受験の重圧うっ積?/エリート家族 強かった父の期待」といった見出しを付けた別稿を載せている。

少し詳しく毎日の紙面を追うと、「今回の事件の背景には、学歴社会の中でエリート・コースの切符を得るために、何が何でも有名大学へ、という〝受験地獄〟の中で、受験生が目的観を失い、孤独な心理状態に追い込まれ、何かの時にそれが爆発する図式がある」と報じている。さらに「こうした悲劇はどこの家庭でも起こりうる。(中略)子供が親の愛情を実感していれば家庭内暴力も避けられるだろう」とする高校の校長の話を載せている。

報道がとらえたのは、「親子」という家庭内の人間関係の問題であり、受験戦争の落とし穴という「教育」の問題だった。70年代から定着した典型的な少年事件の報道スタイルだ。

ところが、おかしいのは、この次男の年齢だった。

逮捕された次男は、少年ではなかった。20歳の成人だったのである。紙面では、実名が報じられ、厚手のジャンパーを着て、色白で眼鏡をかけた次男が、頼りなげに捜査員に連行される写真も添えられている。少年法による推知報道の禁止がないのだから当然だ。

だが、各紙の報道は、この浪人生を「大人」とはみなしていなかった。すでに成人しているこの次男を、成長途中の未熟な「子供」として扱っているのである。

なぜ、各紙は成人の次男を、あたかも少年のように報じたのか。そこには、当時頻繁に使われていたマジックワードがある。

「青少年」という言葉だ。

成人でもあり、少年でもある、あいまいな領域の若者。それを青少年という言葉でくくっているのである。国民は、一億総中流。家庭では核家族化が進み、受験戦争は激化。この時期、世間では青少年という言葉が多用されていた。そして、この事件は、青少年の典型的な事件として注目を浴びた。大人の事件というよりも、少年の事件に寄せて報じられたのである(少年事件が多かった60年代には、法務省が18〜22歳を「青年」と位置づけ、家裁よりも先に検察が処分を判断する「青少年法」構想を提起していた。この世代を「少年」よりも「大人」に寄せて、検察の権限を強化しようとしていた、といわれる。しかし、青少年法の構想は、その後、立ち消えた)。

この事件は、山口二矢のような直接的な政治への暴力ではなかったにもかかわらず、政治家の発言も相次いだ。

「受験生が親をバットで殴り殺すなどという事件が起こるのは、社会が狂っているせいではないのか」(鯨岡兵輔環境庁長官)

「青少年の非行問題は、今や財政再建より重要だ」(中川一郎科学技術庁長官)

各紙は、この次男の逮捕後もこぞって続報を報じた。さらに、ストレートニュースだけでなく、連載という別の切り口でも事件を掘り下げた。それをみると、この事件が実名、顔出しで報じられた、カギカッコ付きの少年事件であったことが、うかがい知れる。

朝日は連載のタイトルこそ「二十歳の狂気」だったが、柱に据えたテーマは、子育てと教育。初回の見出しは、なんと「遅すぎた乳離れ」だった。連載を通じて、エリートの家庭で育ち、マザーコンプレックスを抱えながら、厳しい受験競争に敗れて挫折していく浪人生の転落人生をたどった。

毎日も「検証・両親殺し」のタイトルで「良い子の暴発」「父の航跡」「旧家のしつけ」「純粋培養」の見出しをつけた5回の連載を展開。小中学校での次男の様子を当時の教師に聞き、親のしつけや、生育環境を詳細にたどった。裁判がはじまると、読売も「親と子と」のタイトルの連載で、次男と両親の「親子」関係を詳報した。

先に触れたように、1969年の酒鬼薔薇事件は、家裁に送致された後は、その後の少年の処分すら報じられなかった。

しかし、この金属バットの次男は成人なので、家裁のベールに包まれることはない。非公開の少年審判とは違い、報道は法廷で次男の言動から表情まで確認し、少年法に縛られることなく詳細を報じることができたのである。

次男は84年、横浜地裁川崎支部(竪山真一裁判長)で懲役13年の実刑判決を言い渡された。各紙は判決を一面で報じ、社会面でも別稿や解説を掲載して大々的に報じている。

ちなみに事件の起きた80年は、少年による殺人の検挙人数が49人と過去最少(当時)を記録した年でもあった。

ウチの子にかぎって　切り口は「親子」と「教育」

それにしても、なぜ20歳の「青少年」の事件が、これほどまで世間の耳目を集めたのか。川崎金属バット殺人事件から、少しだけ時間をさかのぼってみる。

じつは、70年代後半から、その兆しはあった。子どもの家庭内暴力に端を発した殺人事件が相次いでいたのである。

最初に注目されたのは、1977年10月、東京・北区で起きた事件だった。飲食店を営む父親(46)が、家庭で暴力をふるう16歳の一人息子を絞殺したのだ。殺害された長男は、東大合格者数がトップを誇る名門私立高校に通う1年生だった。

長男は小中時代の成績はトップクラスだったが、高校進学後に成績が急落。学力が低下した時期と重なるように、家族に暴力をふるいだした。家のふすまをたたき壊し、窓ガラスを割り、母や祖母に殴る蹴るの暴行を加えることが、常態化していた。

長男は父親にも包丁を向けていた。家庭内暴力を止めることができなかった父親は、思い余って就寝中の長男に手をかけたのである。父親は犯行後、自らも後追い自殺を図ったが、果たせずに自首していた。

従順で、おとなしそうで、勉強にも熱心に見える子供が、親にふるう逆向きの暴力。ひとつ屋根の下で暮らす親と子が抱える問題が、一億総中流化時代のぬきさしならぬ問題にまで発展していたのだ。

こうした家庭内暴力には、子供による肉親殺しもあった。１９７９年１月、進学校に通う東京・世田谷の16歳の少年が、金槌やナイフで同居の祖母を殺害した。少年は逃走し、ビルの14階から飛び降りて自殺。自殺前に書かれた長文の遺書には、自身の強いエリート意識と、それと表裏一体をなすコンプレックスがつづられていた。少年の家系は、祖父、父ともに大学教授、母も脚本家という華麗な一族だった。

この二つの事件に焦点を当てたのが、朝日の名物記者として鳴らした本多勝一だった。本多はこの二つの事件を、特殊な事件とは見なかった。親の子育ての問題や、受験戦争など社会構造のひずみの噴出としてとらえ、現代日本を象徴する事件だと位置づけたのである。

本多は「子どもたちの復讐」のタイトルで、二つの事件の検証記事を連載。「少年の叫び『人生を返せ』」「現代日本を象徴的に反映」「偏差値価値観の犠牲者」などのショッキングな見出しをつけた記事を夕刊で展開した。

80年前後に報道の関心を集めた少年事件は、政治への志向でも、体制への露骨な抵抗でもない。それは、軒先より内側の「身内」の事件であり、学校教育のあり方を問う事件だった。そして、子供を育てる親のだれしもに「ウチの子にかぎって」と思わせるような事件だった。

「直接的には家庭内暴力という形で、親に対する復讐として出るけれども、もっと広い意味では今の教育体制、社会体制に対する復讐」

本多は二つの事件をそう評して、日本社会の象徴的な事件だと警鐘を鳴らした。

こうした親子間の殺人事件は、このころ相次いで報道で取り上げられている。81年には家庭内暴力の高校生の長男を父親が殺害する事件が、82年にも高校1年の長男が父親を殺害する事件が、それぞれ紙面で大きく扱われた。少年が人を殺す原因は、親子と教育のひずみにある。そう捉える傾向が強まっていた。

「少年事件」として扱われた金属バット殺人事件は、こうした時代の潮流に乗るようにして、強く焦点が当てられたのである。

名もなき子供たちの「殺意」なき事件「少年」＝「子供」

「青少年」のマジックワードで、金属バット殺人事件に注目が集まったように、当時の少年事件の報道の切り口は、「親子」の関係を基軸にしている。80年代に入ると、「普通の家庭」に育つ中学〜高校生たち、とりわけ「子供」の「集団」による事件にスポットライトが当たる。たとえば、それは中高生による「浮浪者狩り」だった。

１９８３年１月、横浜市の地下街や山下公園をねぐらにしていたホームレスが、深夜に次々と襲われる事件が起きる。現場は当時、東京・山谷、大阪・あいりん地区と並ぶ三大ドヤ街の一つだった。この地域で浮浪者３人が死亡し、13人が重軽傷を負ったのである。

神奈川県警が逮捕したのは、14〜16歳の少年。中学生５人、高校生１人、無職少年４人が、集団で浮浪者を襲っていたのだ。少年たちは深夜に現場を徘徊し、足蹴りを「ゲソバン」などと称して、浮浪者に暴行を加えていた。死亡した男性(60)は、山下公園の売店の軒先で寝ていたところ、集団暴行を受けていた。

逮捕された少年たちは、県警に動機を聞かれると、「おびえて逃げる浮浪者が面白かった。面白半分にやった」と供述したという。

「浮浪者殺傷　『おもしろ半分』　抵抗しない、と次々」(朝日)
「浮浪者襲撃は中学生集団　『逃げ惑うのが面白く』」(読売)
「中学生らが無差別殺傷　浮浪者を次々襲う」(毎日)

——各紙とも夕刊の社会面アタマで少年グループの逮捕を報じている。

70年代までの少年事件では、報道が派手に扱うのは、主に殺人だった。だが、この事件は殺人事件ではなく、傷害致死事件だった。少年たちに殺意がなかった、ということだ。路上生活を送るホームレスを、世間知らずな中学生たちが、遊び感覚で無邪気に襲う。この事件の加害者は、少年たちと呼ぶよりも、子供たちといった方がしっくりとくる。各紙は「浮浪者狩り」と称し、この事件を社会の縮図と捉えたのである。

「抑制きかぬ集団心理」「うっぷん晴らしかも」「幼児のような未熟さ」(朝日)
「『逃げ惑うのが面白く』」「週末ねらい無差別暴行」(読売)
「より弱い者へのいじめ」(毎日)

各紙はそんな見出しを付けて、夕刊の社会面で子供たちの逮捕を報じた。

事件を読み解く文脈は、やはり「親子」と「教育」だ。各紙は逮捕された10人の少年たちの家族構成や生い立ち、非行歴などを一覧表にして報じた。

「襲った少年たちは、進学競争からはじきだされたものばかりだった。覚せい剤中毒の父をもつ子もいる。母親の愛人が乱暴するので、母と一緒に家を飛び出し、隠れるように生活している少年もいる」。朝日は、天声人語で少年たちの家族関係にそう嘆息し、つづけて読者に問いかけた。

「弱きをくじき、弱きをいじめ、人を『不良品』扱いにして捨て去る風潮が社会にまんえんしている。重苦しい閉塞感がその背景にある。少年たちの陰惨残虐な行為はその縮図なのだろうか」

少年たちによる校内暴力も、このころ問題化していた。

浮浪者狩りと同じ時期に、東京・町田市の中学校で、38歳の男性教師が中学３年の生徒を果物ナイフで刺してケガをさせる事件が起きた。刺された生徒は、補導歴のある不良、いわゆる

「ツッパリ」。この教師を、再三にわたって威嚇していた。教師が生徒を刺したのも、生徒が殴りかかってきたことが理由だった。生徒と教師の立場が、逆転していたのである。

傷害容疑で逮捕された教師は「生徒たちがこわい。もう耐えられなかった」「助けを（学校や同僚教師に）求めたが、何もしてくれなかった」などと供述していた。

朝日と毎日は、この事件と、横浜市の「浮浪者狩り」事件を結び付けた連載を展開した。朝日のタイトルは「子どもが『弱者』を襲う時」だった。

「競争主義はいっそう過酷になり、『弱肉強食』の様相さえ感じさせる。一連の事件は、単に個々の子どもや家庭、学校の問題ではないのではないか。教育の構造、社会のあり方が生み出した光景ではないのか。子どもたちは、大人を、社会を、映している」。そう社会情勢を批判した。

一方の毎日も「いじめ社会　横浜・町田事件の病理」と題した連載を掲載した。

「これらの事件は、平穏そうな日々の暮らしの扉の奥で『人間的なもの』と大切にされてきたものが、だれからともなく侮べつされ、足げにされかかっているきざしなのではあるまいか」と問題提起した。

読売は企画こそなかったが、「殺人ゲームは防げなかったか」と題した社説で「親と子、教師と子、地域社会の人々と子供といった関係の中で、子供はそれぞれに自分を育てる。自分を中心に地球が回っている、といった幼稚な思考から脱して、自分の行動とその結果、他人への影響などを考える成熟した青年期へとつながっていく。しかし、社会全体でみると、家庭でも学校でも、職場や地域でもこうした大人と子供との関係が希薄になっているといっていいだろう。その希薄になった部分から、子供たちの脱落の芽が生まれてくるのであろう」と記している。

第1章で触れたように新聞協会は1958年、少年事件をめぐる報道の方針を策定した。その際のキーワードは、加害者の「親の立場」に立った報道だった。

暴走族やツッパリの存在、家庭内暴力や校内暴力、浮浪者狩りやいじめ——といった問題は、とりもなおさず親子の問題であり、教育の問題だった。その意味で70年代～80年代の少年事件の報道は、まさに加害者の「親の立場」に立っていた。

少年事件は、どこか遠くの他人事《ひとごと》ではなく、我が家の問題だった。そうした事件は、新聞報道のスタンスと、きわめて相性が良かった。

少年事件を通じて、社会を見る。その視点が常識化する。そして、報道や世間が見る少年像が「子供」であることは、社会が子供を見守ることの意味を問いかけたともいえた。
この時期に少年事件報道の「型」が確立していくのである。

第3章

バブル時代 逸脱の少年事件

メディアの「型」から外れる少年たち

目黒中2少年祖母両親殺害事件
名古屋アベック殺人事件
綾瀬女子高生コンクリート殺人事件

少年事件報道の「型」にはまらない？　中学生の祖母両親殺人

バブル経済の絶頂期と重なる1980年代後半。少年事件の報道で確立された「型」から外れた事件に、少しずつ社会がざわつきはじめる。それは、「親子」や「教育」の枠組みに、うまくあてはまらない少年事件だった。

政界がリクルート疑惑で揺れ、幼女を狙った東京・埼玉連続幼女誘拐殺人事件が世間を震撼させ、子供たちのあいだで『ドラゴンクエストⅢ』がブームになった1988年。その年に、少年事件報道の「型」から外れた事件が相次いだ。

まずは、中学生による事件を取り上げたい。

88年7月、東京・目黒で中学2年の少年が、父(44)と母(40)、祖母(70)の3人を刺殺する事件が起きた。

3人は自宅で就寝中に襲われ、包丁でめった刺しにされていた。父親に37カ所、母に72カ所、祖母には56カ所の切り傷があった。

「あの〝いいこ〟がなぜ」(朝日)
「『礼儀正しい』中2がなぜ……」(読売)
「何が14歳を追い込んだ」(毎日)

――各紙は少年の逮捕を朝刊の一面で報じ、社会面でそんな見出しを付けた別稿を掲載した。警視庁が捜査した事件でもあり、各紙は事件を大きく報じたのだ。

少年は、まだ14歳。事件の背景には、学校の成績をめぐるトラブルがあった、と各紙は報じている。

「父と母にかわるがわる〝勉強もクラブ活動もしっかりやれ〟と言われ、殺そうと思いたった」

「小言を言われてカッとなった」

警察の調べに、少年はそう供述したという。「親子」と「教育」に問題があった典型的な「子供」の事件。それが、各紙の捉え方だった。

たとえば、朝日の天声人語は「どうしてこんなことが起きたのか。八年前、両親を金属バットで殴り殺した犯人も、裁判で、事件後三年間なぜかを考えたがわからない、と陳述した。こんどの少年だって、自分の行動を分析、説明できるわけではないだろう」と指摘した。

読売のよみうり寸評も「果たして異常だから驚くのか。逆に日常性を感じてりつ然とするのではないか」とつづった。毎日の近事片々は「『今の時代』が全部そろっている」とした上で「『ウチの子に限って』でなくウチの子はたまたま、まだ(殺人を)やっていないと考えた方がいい」という評論家の言葉に触れた。

だが、当初は川崎金属バット殺人事件や、横浜の浮浪者狩り事件と同じ「型」で報じられたこの事件は、警視庁の調べが進むうちに、次第に様相を変えてくる。

当時の紙面を開くと、殺害の動機は、親の厳しいしつけや、受験地獄への恨みとは、やや異なるものだったようなのだ。

少年は事件の前夜、同級生に電話をかけていた。「金をやるから、両親を殺すのを手伝ってくれ」。そう頼んでいた。事件当日、半信半疑で訪れたこの同級生に、少年は「まず、おばあちゃんから殺そう」と持ちかけ、寝入る祖母の首に電気コードを巻きつけた。この同級生は、怖くなってその場から逃げた、と警視庁の調べに話している。さらに少年は事件の1週間前、女性アイドルを襲撃する計画を、同級生に明かしていた。

事件後の少年の行動も、不可思議だった。少年は学校には登校しなかった。同級生を電話で公園に呼び寄せると、スポーツバッグの中にある包丁を見せつけ、「死体を見せてやる」と自宅へ誘っていた。同級生によると、少年は特に興奮状態でもなく、涙を見せることもなかったという。さらに、自宅についていくと、両親、祖母の死体を見せた後、「おなかがすいた。何か買って来てくれ」と頼んだというのである。

はたして事件は、家族への恨みや受験への反発が動機なのか。それにしては感情の爆発が乏しい気がするし、事件後の言動も現実感が伴っているとはいいがたい。肉親を殺害した前後の一連の行動も、表面だけを見れば不可解だ。少なくとも、今なら別の切り口で事件が報じられるのはまちがいない。

時間が経つにつれ、各紙の報道は尻すぼみになっていく。少年は逆送されずに、家裁の少年審判で処分を決められることになり、報道は途絶えた。

少年は初等少年院送致（2年・延長1年）となった。各紙はそれをベタ記事で伝えるだけだった。真相は藪の中に残されたまま、報道は収束する。何とも整理のつかない事件だった。

1988年には、このほかにも、親子や教育の「型」にうまくあてはまらない事件が、もう2件起きている。

「鬼畜の所業」 メディアより先に厳罰化した司法

88年2月、名古屋市で若い男女を殺害した暴走族グループが逮捕された。逮捕されたのは、17〜19歳の少年少女5人(他に20歳の暴力団員が1人)。少年たちは、シンナー仲間。暴力団とも親交があった。

少年たちは、公園の駐車場で早朝、若い男女のカップルを襲った。この男女を自分たちの車に押し込めて連れ去ると、深夜まで連れ回した後に絞殺した。少年たちは調べに「アベックを襲って金を奪おうとした。襲った後、犯行がバレるのが怖くなって殺した」と動機を供述したという。

名古屋アベック殺人事件と呼ばれる事件だ。

犯行が残酷だったにもかかわらず、新聞各紙は当初、この事件にさして興味を示さなかった。各紙とも逮捕の記事を社会面で報じると、その後は続報も出さなかった。

なぜこの事件を大きく扱わなかったのか。その理由は、大きく二つ考えられる。

一つは、逮捕されたのが、無職やとび職の少年たちで、暴力団ともかかわりがあり、事件は「親子」や「教育」を基軸にした少年事件報道の「型」に、はまりにくかったことだ。第2章でも触れたように、80年代に注目されたのは、「子供」の事件だった。名古屋アベック殺人の少年たちは、そうした「子供」観になじまなかったのである。

もう一つは、事件を捜査したのが愛知県警だったことだ。紙面で大きく扱われるのは、警視庁が捜査する事件。これは今も続く全国紙(や民放キー局)のセオリーだ。

この事件は「地方」の事件なので、続報は不要と判断されたのである。

だが、こうした報道のスタンスとは無関係に、厳しい姿勢を示したのは司法だった。

メディアと異なり、司法の世界では、事件がたとえ地方で起きようと、事実認定や量刑に差が生じることはない。犯罪の性質や犯行態様、被害者の数などを客観的にみて、公平さを保つのが司法の役割だ。

名古屋アベック殺人事件に、にわかに注目が集まったのは、少年たちが逆送された後の刑事裁判だった。名古屋地検が、主犯格の19歳の少年に死刑を求刑したのである。

なぜ、検察は死刑を求刑したのか。

それは、少年たちの犯行があまりに残虐だったからだ。少年たちは、カップルを拉致した後、木刀や鉄パイプで頭や顔を殴りつけていた。その後も煙草の火を押し付けるなど再三にわたってリンチし、女性には性的暴行も加えていた。ロープで首を絞めつけるあいだ、被害者の生死を何度も確認し、死亡が確認できるまで首を絞めつづけ、最終的に遺体を山中に埋めていた。「まれに見る重大悪質犯罪で、まさに鬼畜の所業。少年の犯罪であることを考える必要はない」。名古屋地検は、少年たちの残忍な犯行を論告で指弾した。そのうえで19歳の少年に死刑、さらに17歳の少年に無期懲役を求刑したのである（少年法では、「犯行」時、18歳未満の少年への死刑を禁じている。つまり、17歳の少年にも最大限の「極刑」を求めたことに変わりはなかった）。

この求刑を受けて、名古屋地裁は89年6月、この二人の少年に求刑通りの判決を言い渡した。1審で死刑判決が言い渡された少年事件は20年ぶり。1969年の永山則夫と正寿ちゃん誘拐殺人事件の少年以来だった。

「主犯の『19歳』に死刑」（朝日）
「主犯少年（犯行当時）に死刑」（読売）
「主犯格の少年に死刑」（毎日）

――この段階になって、にわかに各紙はこの事件を夕刊一面で大きく扱った。

ちなみに、判決当日の一面は大混雑だった。リクルート事件で退陣した竹下登首相の後に就任した宇野宗佑首相が、愛人を囲っていた問題が発覚し、辞任騒動が起きていたからだ。だが、各紙はこの判決を一面に突っ込んだのである。

名古屋地裁の小島裕史裁判長は、二人を「極刑」にした理由について、こう述べている。「可塑性に富む少年への極刑の適用は特に慎重であるべきことを考慮に入れても、19歳の少年は死刑にするほかない。17歳の少年についても死刑を選択するが、(18歳未満に死刑を禁ずる)少年法51条により無期懲役にする」。

じつは、この死刑判決の2年前、司法が少年に厳しい姿勢を示した大きな節目があった。1987年3月、最高裁の差し戻しを受けた東京高裁が、永山則夫に死刑判決を言い渡していたのである。少年法の精神が色濃く反映された無期懲役判決は破られ、最高裁が示した死刑の基準に沿って、永山は死刑を免れなくなった。この流れに沿うように、検察官や裁判官は、少年事件にシビアな対応を示しはじめたのである。その下地があったうえでの、名古屋地裁の極刑判断だったともいわれている。

この時期、新聞報道の「型」から外れた事件を拾いあげて手厚く報じたのが、雑誌メディアだった。新聞が新聞協会の方針に沿って、加害者側の少年の「親の立場」に立ってまだ抑制的に報道していたのに対し、雑誌は加害少年の残虐さを非難する報道に傾いていた。

名古屋アベック殺人事件では、雑誌「オール読物」が、『惨殺の構図』と題した特別企画を掲載した。本来は小説がメインのこの雑誌で、名古屋地検の冒頭陳述の全文が載せられたのである。それは、前例のないことだった。

「事件の概要は報道されているが、この犯罪の凄まじさは正確に知らされていない」。オール読物の編集部は、掲載の理由を誌面で明かした上で、さらにこう続けている。

「わが子がこのような犯罪の被害者になったら、われわれはどんな思いをするか。そしても、わが子が戦慄すべき犯罪の加害者であったりしたら、どうするだろう。子を持つすべての親に読んでほしいと思う。小説雑誌にふさわしくないというご批判は謙虚に承ります」

誌上では編集部に感想を求められた直木賞作家の林真理子が「まことに申し訳ないが、この陳述書を読むのを途中でやめてしまった。これ以上活字を読む勇気がどうにも持てなかったのである」と率直な心情を吐露している。それにつづけて林は「私が被害者の親御さんだったらと想像しかけてやめた。おそらくそんなことは他人が思いうかべるレベルのことではないのだ」と述べている。それほど事件は陰惨だったのである。

名古屋アベック殺人事件は、19歳の少年が控訴し、名古屋高裁で無期懲役に減軽されて確定。

17歳の少年は控訴せずに無期懲役が確定した。

ニュースの網の目からこぼれた凄惨な事件

1988年の終わりから89年にかけて、東京でも陰惨な少年事件が発生していた。東京・足立区の15〜18歳の少年グループが、女子高生を拉致し、監禁し、激しいリンチの末に殺害したのだ。

昭和から平成に変わる時期に起きたこの事件は、綾瀬女子高生コンクリート殺人事件とも呼ばれる。

事件は、通常とは異なる流れで発覚した。主犯格の少年たちは、事件が表沙汰になる前に、逮捕されていたのだ。彼らはひったくりや性的暴行の常習者で、そちらで先に警視庁に勾留されていたのである。

じつは当初の段階では、警視庁は女子高生が殺された事実さえ把握していなかった。少年たちは別件の取り調べの最中に、女子高生の殺害を自供。殺害から約3カ月が過ぎてから突如、事件が発覚したのである。

「女高生をコンクリ詰め　少年ら数人で殺す」（朝日）
「1か月監禁しリンチ……殺害　コンクリ詰め女高生」（読売）
「女高生ら致し、殺害　一カ月監禁、リンチ」（毎日）

――各紙は朝刊の社会面のアタマで事件を報じた。

少年たちが打ち明けた内容は、すさまじいものだった。

88年11月、少年たちは埼玉県三郷市の路上で、自転車で帰宅途中の高校3年の少女を拉致する。さらに少女を監禁すると、約40日にわたり暴力や性的暴行を加えた末に殺害した。事件の発覚を恐れた少年たちは、ドラム缶に遺体を入れてコンクリートを流しこみ、トラックで運んで東京・江東区の空き地に捨てていた。

少女が監禁されていたのは、17歳の少年の自宅だった。同居する両親は、2階の少年の部屋に少女がいたのを知っていたにもかかわらず、助けることはなかった。少女は凄惨なリンチを受け、ろくに食事も与えられずに衰弱し、栄養失調に陥っていた。

この事件は、東京地裁での刑事裁判で、「わが国犯罪史上においても稀にみる重大かつ凶悪な犯罪」「人の仮面をかぶった鬼畜の所業と断ぜざるをえない」と検察が指弾したほど、痛ましい事件だった。

だが、各紙は当初、それまでの少年事件と同様に、親子と教育の問題として報じていた。「歯止めなき少年暴力団　口も出せなかった親」、「5少年　寂しかった家庭　カギっ子▽夜遊び▽高校中退▽非行」。読売はそんな見出しを付けて、少年たちの成育歴や家庭環境を浮き彫りにしたまとめ記事を掲載した。

「子の乱行に気づきながら……部屋にも入れぬ無力の父」と、毎日も親子のあり方を問うスタイルだった。朝日は「ニュース三面鏡」という記事で「助け求められなかったか」と少女が逃げられなかったかを検証する記事を載せた(この記事は後に被害者に配慮がないと批判された)。

各紙とも、従来の少年事件の「型」に沿った報道から抜け出せないでいたのである。

事件は初報こそ大きく扱われたものの、各紙の続報は目立たなかった。ストレートニュース的な続報は、初報の翌日で、ほぼ終わっている。警視庁が捜査した事件にもかかわらず、各紙の腰は重かったのである。

なぜ、各紙はこの事件を大きく報じなかったのか。いくつかの理由が考えられる。

一つは、事件の主犯格が年長少年だったことだ。名古屋アベック殺人事件と同様に、主犯格の18歳の少年は、シンナー吸引の常習者で、暴力団とも親交があった。学校という教育現場から離れ、反社会勢力とも付き合いのある少年は、もはや「子供」とはいいがたい。親子と教育の枠組みを用いた「少年」像には、うまくあてはまらなかったのである。

また、事件で注目されたのが、凄惨な犯行の手口だったことも、紙面で大きく扱わなかった理由の一つに挙げられるだろう。

成人による事件でも同じだが、新聞報道では、人が死に至るまでの犯行の手口を、ことさらに詳しくは報じない。それが残虐だったり、執拗だったりする場合は、なおさらだ。被害者が苦痛を伴いながら絶命した過程を報じることは、死者や遺族の尊厳を傷つけることになる。また、読者に子供や女性がいることを想定すれば、必要以上に残虐な描写はできない、というのが新聞報道のスタンスだ。

特に性犯罪が伴う事件では、報道する際に特別な配慮が求められる。名古屋のアベック殺人も、この女子高生コンクリート殺人も、その視点からみると、新聞ではけっして大きく扱えなかった。

ただ、女子高生コンクリート殺人では、もう一つ、個別の理由も考えられる。

それは、本来ならこの事件は、報道が大きくなるはずの警視庁の事件なのに、そうならなかった疑問への答えにもつながる。

事件の所管の問題だ。

少年たちは当初、女子高生の殺害とは全く関係のない窃盗事件、さらに性的暴行事件で逮捕されていた。少年たちを初めに捜査したのは、警視庁の捜査一課ではなく、少年二課だったのである。

警視庁の事件記者が花形であるといっても、各紙が重視するのは殺人などの強行犯を扱う捜査一課や、政治家の汚職を扱う捜査二課である。これらは、いずれも刑事部に属している。

しかし、この事件の少年たちを逮捕した少年二課は、防犯部(現・生活安全部)に属していた。防犯部は犯罪や事故を未然に防ぐことが目的の部署なので、基本的には凶悪事件の捜査とは関係の薄い部署になる。つまるところ、報道も記者を重点配備していなかったのである。

さらに、事件の時期も影響した。この時期の警視庁記者クラブの最大の関心事は、後に宮崎勤死刑囚の犯行と判明する連続幼女誘拐殺人事件だった。記者たちは、誘拐殺人事件の取材に追われていたのである。

事件が大きく扱われなかった背景には、こうしたいくつかの綾があった。そして、結果的に新聞報道の網の目からこぼれ落ちてしまったのである。

この事件を新聞各紙が大きく扱いだしたのは、少年4人が家裁から逆送され、刑事裁判に移行してからだ。東京地裁で裁判がはじまる約1カ月前には、さきの名古屋アベック殺人の主犯格の少年が、死刑判決を言い渡されていた。司法が厳罰化の姿勢を示したことで、この事件の刑事裁判にも注目が集まったのである。

ちなみに、事件が裁判の手続きに進むと、各紙の担当記者は、警視庁記者クラブから司法記者クラブ所属の記者へと移る（東京本社の場合）。警察が事件に着手し、容疑者を逮捕、起訴するまでは警視庁記者クラブ、起訴から裁判までを司法記者クラブが担当する分業体制が確立されているのだ。事件は司法記者にバトンタッチされてから、大きく扱われるようになったのである。

東京地裁の論告・求刑で、検察は少年たちの犯行を厳しい言葉で批判した。

「被告人4名がほとんど連日、筆舌に尽くし難い殴る蹴るの暴行を加えたほか、身体に火をつけて皮膚を焼くなど、凌虐の限りを尽くして殺害し、その遺体をボストンバッグに入れコンクリート詰めにして遺棄したという事案である。その残忍かつ極悪非道である点において、過去に類例を見いだし難い」

「わが国犯罪史上においても稀にみる重大かつ凶悪な犯罪」

「人の仮面をかぶった鬼畜の所業と断ぜざるをえない」

名古屋アベック殺人事件の裁判と同様に、検察はこの事件でも少年たちに対して「鬼畜」というキーワードを用いている。

そのうえで、検察は主犯格の少年に無期懲役、準主犯格とされた少年に懲役13年、残りの2人に5〜10年の不定期刑を求刑した。

そして、東京地裁は90年7月、主犯格の少年に懲役17年、準主犯格の少年に懲役5〜10年、残りの少年に懲役3〜5年の不定期刑を言い渡した。

松本光雄裁判長は、「被告人らは性衝動、攻撃衝動の統御が不良な傾向をもつ人格を形成した。それぞれの資質面での問題点が、相乗的に増幅して事態を悪化させ、集団の責任の不明確さなどが重なった結果、当初遊び半分で行った意図以上に監禁を長引かせた」としたうえで「精神的に未熟な少年らが事態を打開できないまま、不幸な結末に至った側面もある。その犯行の残虐性は、逸脱集団における虚勢の張り合い、攻撃性の競い合いなどにあわせ、各少年がそれぞれの年齢相応の人間的成長を遂げないまま未熟な人格像を形成していたことに由来していたといえる」と述べている。

判決は、この不良少年グループを「逸脱」の少年たちととらえる一方で、成人ではなく少年であることを刑を減軽する理由にしていた。

「主犯に懲役17年判決　殺意認め情状も酌む」（朝日）
「主犯格に懲役17年　残虐性を指弾」（読売）
「『未必の故意』認定　全員実刑」（毎日）

――各紙とも朝刊一面で判決を報じている。

ズレが生じた報道の視点　元記者の指摘

この時期の各紙の報道を見ると、少年事件を「ウチの子にかぎって」の目線でみる傾向が、まだ残っている。加害者の「親の立場」に立った視点は、崩されていない。

しかし、少年に対する世間の見方は、少しずつ変わってきていた。

名古屋アベック殺人事件や、女子高生コンクリート殺人事件の少年たちは、家裁から逆送され、刑事裁判の被告となった。家裁の少年審判は非公開だが、いったん刑事裁判の被告となれば、少年たちが出廷する様子も、検察側の冒頭陳述から論告、そして判決まで公開される。法廷で明らかになったのは、親子や教育を基軸にした「子供」からもはみ出し、国親思想的な少年法が描く少年像からも逸脱した少年の姿だった。

こうして司法の厳罰化の動きに連動するように、少しずつ新聞各紙の「少年」の定義も、不確かになっていく。

ただ、これらの事件に従来の少年事件のような要素がまったくなかったのか、というと、再考の余地があるのかもしれない。

共同通信の記者として、女子高生コンクリート殺人を取材した横川和夫は、後に著書「かげろうの家」で、４人の家庭環境にこう触れている。「四人の少年のうち二人は離婚家庭だ（筆者注・うち一人は別居中）。あとの一人も父親は企業戦士で深夜帰宅が続き、他の一人は父親がアルコール依存症で、いずれも夫婦の関係は冷え込んでいて、親密ではない」

そのうえで横川は、こう記している。

「いま改めてこの事件を問い直してみると、四人の少年たちはさまざまな虐待を受けた被害者であり、その虐待を受けたことで蓄積された怒りや恨みを自分たちより力のない女子高生に向かって爆発させた事件だったことが分かる。だが当時の日本社会は、私たちも含めそうした暴力などで強いものが弱いものを支配することで成り立つ虐待のメカニズムの認識に欠けていたと言ってよい」

80年代後半、新聞各紙はこれまでの枠組みから逸脱した少年事件の報道に、まだ重点を置いていなかった。少年事件の「型」にはまらない事件に、報道が適切な視座に立てないまま、世間の少年事件への不信はゆっくりと醸成されていく。

その時期と重なるように、国の捜査機関や司法のずさんさや、少年法制というシステムの不備の問題が浮き彫りになる事件も相次いでいた。

次章では、そのことに触れる。

第4章

バブル前後
曲がり角の少年事件

子供だましをしていた捜査機関や司法

綾瀬母子殺人事件
草加事件
山形マット死事件

自白の強要　強引な警察捜査

女子高生コンクリート殺人の少年逮捕から、約1カ月が過ぎた1989年4月。各紙の朝刊の社会面に、ある少年グループの逮捕が大きく報じられた。

「綾瀬の母子殺し　また少年　中三時代の仲間3人逮捕」（朝日）
「綾瀬・マンション母子殺し　中三（昨年11月）3人組の凶行だった」（読売）
「少年3人の犯行　盗みに入り、発見され」（毎日）

逮捕からさかのぼること約半年。1988年11月、東京・足立区で、小学1年の男児（7）と、その母親（36）が自宅マンションで絞殺された。

綾瀬母子殺人事件といわれる事件である。

女子高生コンクリート殺人と同じく、また足立区・綾瀬での事件だった。

犯人は逃走し、事件は半年間にわたり未解決だったが、警視庁が満を持したように15、16歳の少年3人を逮捕したのである。少年たちは事件当時、中学3年だった。

まずは各紙の報道から、事件の概要をたどってみる。

少年たちは金ほしさに昼下がりのマンションに盗みに入った。だが、男児に見つかり、「泥棒」などと泣かれたために、この男児を殺害。さらに買い物から帰ってきた母親も、殴ったうえで電話のコードで首を絞めて殺した――というのが事件の構図だった。強盗殺人容疑で逮捕された3人は、いずれも「容疑を認めていた」とされる。

女子高生コンクリート殺人の報道とちがって、各紙は少年たちの逮捕を初報から大きく扱い、続報も連日にわたった。警視庁捜査一課の事件だったからだ。

この事件では、犯人が逃走していたため、発生当初から捜査一課が担当していた。先の章で触れたように、各紙とも捜査一課の担当にはエース記者を置いている。犯人が逃走していたので、特ダネ争いが生じていたのである。

それに加えて、捕まったのは事件当時、中学生の少年たちだった。この少年たちは、学校でいじめに遭っていたことから、少年事件報道の「型」にも、ぴったりとあてはまった。

「生命の重さ知らぬ幼さ」(朝日)、「いじめられ……非行に走る」(読売)、「盗みは勉強会」(毎日)などの見出しで、各紙は「子供たち」の事件として報じた。

さらに世間を驚かせるようなこともあった。

逮捕された少年たちは、女子高生コンクリート殺人の少年たちと、同じ中学出身の不良グループだと報じられたのだ。同じ中学出身の少年たちが、相次いで殺人事件を起こしたことで、学校関係者や保護者にも衝撃が走った。

ところが、である。事態は思わぬ展開を見せる。

逮捕後に少年鑑別所に収容されていた少年たちを、東京家裁が自宅に帰したのである。少年たちには、まだ処分も出ていなかった。

ざっくりといってしまえば、殺人事件で逮捕され、犯行を認めたとされる「犯人」を、裁判所が判決も言い渡さないまま釈放した——ということだ。異例の措置であることが、よくわかるだろう。

「3少年帰宅させる」(朝日)
「母子強殺3少年を〝釈放〟」(読売)
「3少年を〝釈放〟」(毎日)

各紙も夕刊の社会面で大きく報じた。

家裁はなぜ、こんな措置を取ったのか。じつは、少年たちは警視庁の調べでは殺害を自供したものの、家裁の少年審判では否認していた。

事態が変わった背景には、少年たちに付添人として弁護士がついたことがあった。

80年代後半は、まだ刑事弁護制度が不十分だった。成人の事件でさえ、逮捕直後に弁護士と接見する「当番弁護士制度」が整備されていない。ましてや子供の場合は、重大事件でさえ、すぐに付添人がつかないケースがあった。

この事件では、少年事件に詳しい弁護士が付添人についた。彼らが少年たちに話を聞いたところ、刑事たちの乱暴な捜査が明らかになったのである。

では、警察はどんな調べをしていたのか。

まず、少年たちを逮捕する前、親に同意はおろか連絡もせずに任意の取り調べをしていた。少年たちは朝から署に呼び出され、取り調べは深夜にまで及んだ。一人の少年は午前2時まで調べられていた。常識を超えているというだけでなく、国家公安委員会が規定した「犯罪捜査規範」にも違反していた。

捜査側からみれば、綾瀬母子殺人は物証が少なく、捜査が難航していた。このため、警察は少年の「自白」に頼ったのである。少年たちは当初は「やっていない」と否認していたが、ウソをつくな、などと怒鳴られ、心理的に追い詰められて自白を強要されていた。

付添人がさらに調べてみると、アリバイの取り扱いにも問題があった。見張り役をしていたとされる少年は事件当日、JR船橋駅でアルバイトをしていた。その出勤記録が、勤務先の上司の手帳に残されていたのだ。

少年審判では、証言を求められた職場の同僚が「刑事に怒鳴られたりしたため、このままでは帰宅できなくなると思い、調書に署名、母印を押した」と捜査員に嘘のアリバイを強要されたと述べていた。また、「犯行当日は少年と一緒に仕事をしていた」とも証言していた。

強引な捜査は、それだけではなかった。

捜査当局の調書をみると、男児を絞殺した凶器についても、「(加害少年の)黒革ベルト」↓「幅3センチの布」↓「布ベルト」と変遷していた。

さらに決定的だったのは、少年の自宅から押収した茶色のハンドバッグと、中に入っていた木の葉型のブローチだった。捜査側は、これらはいずれも少年が被害者の部屋から盗んだとみていた。しかし、ハンドバッグは大手家電メーカーが景品として約100万個製造したもので、少年の母親も「友人からもらった」などと話していた。付添人が調べたところ、ブローチも、少年が旅行で伊豆に行った際に、母親のために買った土産品だったことが判明した。

少年たちを解放してから約３カ月後。東京家裁で開かれた少年審判で、内園盛久審判官は少年全員を不処分とした。刑事裁判でいうところの無罪判決だった。

捜査を指揮した警視庁の橋爪茂・捜査一課長は、「捜査は適正かつ綿密に行われており、少年三人が犯人であることは間違いないものと確信している」とコメントしている。だが決定は捜査側にはきわめて厳しい内容だった。

これは、「子供」の冤罪事件だったのである。

「少年三人に『無罪』　自白の信用性否定」（朝日）
「少年3人に『無罪』　自白信用性ない」（読売）
「3少年の『無罪』確定　捜査当局の大黒星に」（毎日）

不処分が決まった日は、礼宮さまと紀子さんの婚約が正式決定した日と重なった。だが、各紙はこの不処分を夕刊の一面で大きく扱った。さらに社会面でも別稿を展開し、解説記事を付けた。捜査当局の話を鵜呑みにした報道にとっても、この事件は反省すべき痛恨のできごとだ

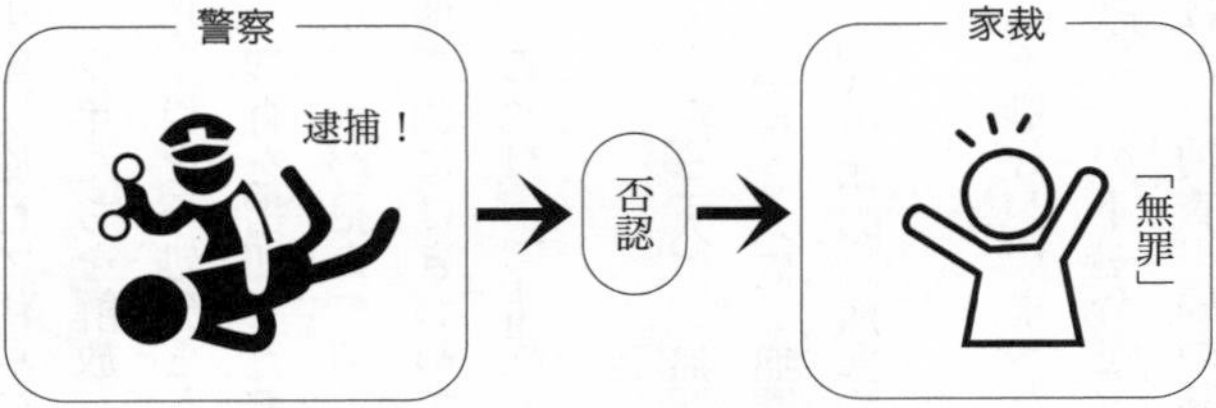

綾瀬母子殺人

った。

それにしても、強盗殺人罪は、成人なら法定刑が死刑か無期懲役の重罪である。なぜ少年たちは、嘘の自白をしたのか。

じつは警視庁の捜査員たちは、事件の発生後、現場付近の中学校で長期の不登校の児童を洗いだしていた。警察は不登校児を素行の悪い生徒とみなし、「犯人」の可能性を疑っていたのである。朝日新聞が入手した捜査資料によると、対象となった生徒は18人。15人はアリバイがあったが、逮捕された少年3人は曖昧だった。

この少年たちが、いじめの被害に遭っていたことを把握した警察は、彼らが不良グループに金を巻き上げられたことを理由に犯行に及んだという「ストーリー」を描いたのである。

この事件では、家裁の決定要旨が公表された。それをみると、少年たちの特徴を指摘した、こんなくだりがある。

「少年らは年少者である上、いずれもいわゆるいじめられっ子の萎縮しやすい弱い性格を持っていた。強い者や権威ある者に迎合し、一時逃れにその場限りの供述をしやすい傾向にあった」

「互いに特に大切に思う他の少年が既に自白したとの偽りの取調を受けそうならば、仕方がないとのあきらめの気持ちもあって、自白してしまったと言うことも想像できないではない」

捜査は、思いこみによる見立て違いだった。そして、少年たちの犯行を立証するためにした強引な捜査がもたらした誤認逮捕だった。

成人事件と比べて抑制的に報じられていた少年事件の裏側に、果たして少年への捜査が適正に実施されているのか、という隠れた問題がある。この事件はその疑惑を世間に知らしめたのである。

子供の冤罪　司法に翻弄される加害者と被害者

だが、疑問が呈されたのは、捜査機関だけにとどまらなかった。世間の疑いの目は、国親思想の元に、少年の更生にかかわる司法にも及んだのである。

綾瀬母子殺人事件でのずさんな捜査が明らかになった直後、ある少年事件をめぐる記事が各紙の社会面に掲載された。

「埼玉・草加の女子中生殺し　5少年『再審』請求へ」(朝日)
「少年ら『再審』請求　草加の女子中学生殺し」(読売)
「草加の女子中学生殺し　5少年が〝再審〟請求」(毎日)

事件は、1985年に起きた草加事件と呼ばれる性的暴行殺人だった。その事件で女子中学生殺しの「犯人」とされ、家裁の保護処分を受けた少年たちが、「自分はやっていない」として、少年審判のやり直しを求めたのだ。

やや複雑なので、そこに至るまでの経緯を簡単に説明する。

1985年7月、草加市内の残土置き場で、中学3年の15歳の少女の絞殺体が発見される。埼玉県警は14～15歳の少年5人を逮捕した(13歳の少年1人は補導)。逮捕された少年全員が無実を訴えたが、浦和家裁は、少年たちが少女を殺害したと判断し、5人に少年院送致などを言い渡していた。

冤罪だった綾瀬の母子殺人事件と同様に、この事件も物証が乏しかった。捜査段階で重視されたのが、やはり少年たちの自白だった。少年たちと付添人は、家裁の決定後も無実を主張し、東京高裁、最高裁に抗告。だが、いずれも認められずに、処分が確定していた。

しかし、少年たちは諦めなかった。彼らは少年審判のやり直し(再審)を求めたのだ。各紙は、それを「再審請求へ」と報じたのである。

ただ、この〝再審〟は、厳密にいえば、刑事訴訟法上の再審ではなかった。当時の少年法では、再審の規定そのものがなかったからだ。そうした手続き上の欠陥を、少年側は「保護処分の取り消し」を申し立てるという方法で代替しようとしたのである。

しかし、この〝再審〟請求の申し立ては、家裁、高裁、最高裁で退けられた。少年たちは既に少年院から出ていたことから、訴える利益がない、などと判断されたのだ。つまり、少年たちは、冤罪を晴らすことができなかったのである。

ところが、この事件は思わぬ方向へと展開する。

1993年3月。少女の遺族が、少年側に賠償を求めた民事裁判で、浦和地裁が遺族の請求を棄却したのだ。浦和地裁は「少年たちが犯人とはいえない」として、刑事裁判で確定した「黒《クロ》」認定を覆す判断を示したのである。

浦和地裁の山崎健二裁判長が指摘したのは、自白を頼りに少年たちを逮捕した捜査当局の問題だった。

「少年たちと事件とを結びつける証拠は、自白のほかになく、その自白は客観的証拠や事実に矛盾し、かつ著しい変遷、食い違いが多数あり、信用できない」と山崎裁判長は述べた。

さらに少女に付着した体液などと、少年たちの血液型が一致していないことを指摘した上で、こうつづけた。

「真犯人であれば、およそ思い違いをするはずのない犯行場所というような極めて印象的かつ重要な事実について、理由らしい理由もなしに変更し、三人がほぼ同時期に同一内容の変更をしている。（中略）捜査官の誘導を疑わせる」

捜査当局に痛烈な批判を浴びせたのである。

ざっくり言ってしまえば、山崎裁判長は、捜査当局を批判したうえで、さらに少年たちを「犯人」と認定した少年審判の決定はもちろん、それを確定させた最高裁の判断までをも、ひっくり返した、ということだ。

司法の判断がここで終われば、混乱はまだ小さかったかもしれない。

しかし、事態はさらに混迷する。この事件をめぐって、捜査当局を批判した肝心の司法さえ

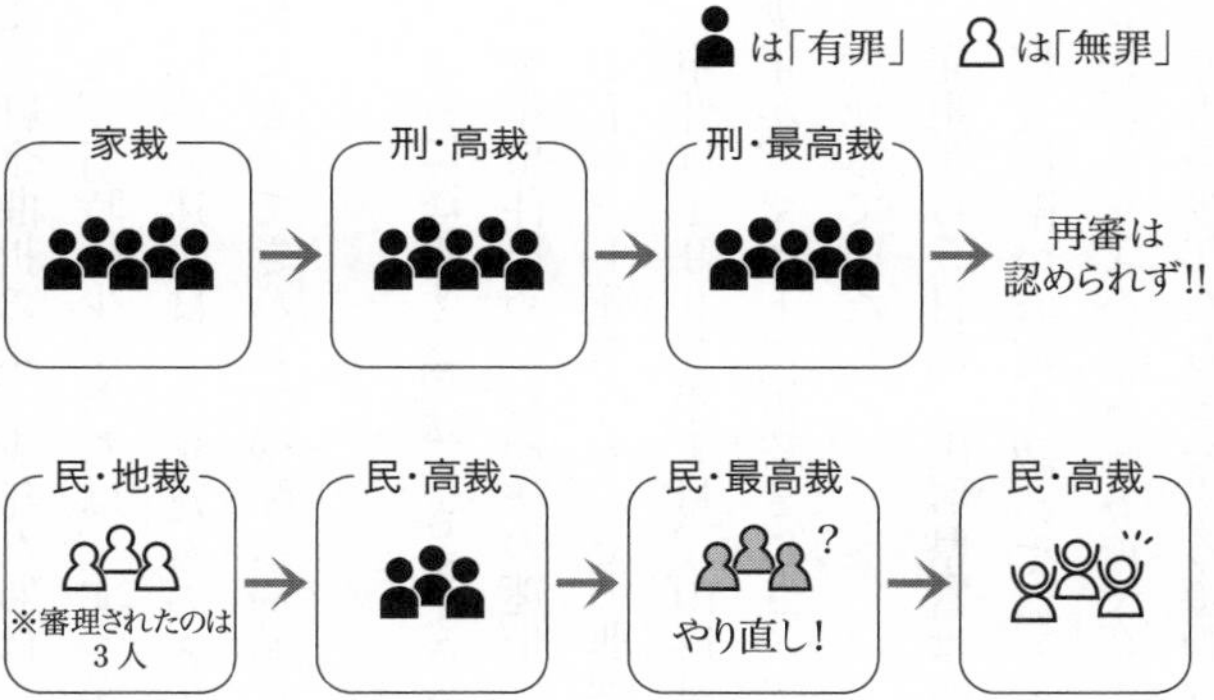

草加事件

も、民事裁判の高裁、最高裁での判断が大きく揺れることになるのである。

この浦和地裁判決を不服として、遺族は東京高裁に控訴した。すると94年12月、今度は東京高裁が、少年たちを「犯人」と判断したのだ。清水湛《あつし》裁判長は、「暴行・殺害を認めた少年らの捜査段階の自白、供述は信用できる」として、少年たちを「有罪」と認定。逆転判決を言い渡したのである。

ところが、上告された00年2月の最高裁の判決では、再び少年が「犯人とはいえない」との判断が示される。大出峻郎《たかお》裁判長は「犯行を認めた少年らの供述を裏付ける客観的証拠もほとんどなく、明らかに虚偽が含まれ、信用性は認めがたい」として、高裁に審理を差し戻す。

差し戻された東京高裁で、司法が少年たちを「犯人とはいえない」と結論づけたのは、2002年のことだった。紆余曲折の末、少年たちは「無罪」となったのである。じつに事件発生から17年が過ぎていた。当時の少年たちは、すっかり成人し、30歳を超えていた。

司法の迷走は、少年たちの人生を狂わせたばかりではない。「真犯人は藪の中」という、遺族にとってきわめて残酷な帰結をもたらすことにもなったのである。

さらに迷走する司法　さまよう真実

少年事件をめぐる司法の迷走は、草加事件で終わらなかった。

山形マット死事件も、その典型だった。

事件は1993年1月、山形県新庄市の中学校で起きた。体育館内の用具室で、中学1年の少年が、マットに簀巻《すま》きにされて死亡したのだ。少年は頭から逆さまにマットに押し込まれて、窒息死していた。

発生から5日後、山形県警は同じ中学の12～14歳の少年7人を逮捕、補導した。

捜査段階で容疑を認めていたとされる少年6人は、山形家裁の少年審判では否認に転じた（12歳の少年1人は児童相談所で在宅指導の行政処分となったため、審判の対象外となった）。

6人の少年たちをめぐる審判は、真っ二つに分かれた。卯木誠裁判官は、3人を少年院送致などの保護処分とし、残りの３人は「十分な証拠がない」として不処分にした。逮捕された６人のうち半数を「有罪」、別の半数を「無罪」と判断したのである。

この事件でも、司法の迷走がはじまる。

審判から、わずか３カ月後の93年11月。仙台高裁が少年全員を「有罪」とする判断を示したのである。家裁の「有罪」判断を不服とした少年３人の抗告審で、藤井登葵夫《ときお》裁判長は、この３人の抗告を棄却したのに加えて、山形家裁が「無罪」とした残りの３人についても「アリバイに疑問がある」などとして、事件への関与を示唆したのだ。

ややこしいことに、捜査機関には抗告権がないため、家裁が「無罪」とした少年３人の不処分は確定していた。だから、法律上の「無罪」は動かない。にもかかわらず、高裁はあえて踏みこんで「有罪」だと言及したのである。

この事件は最高裁に抗告され、１９９４年３月に、高裁決定が支持されて終了した（不処分の３人への判断は示していない）。

だが、司法の迷走は、これだけで終わらなかった。

この事件でも、さらに司法の判断が、ぶれまくるのである。

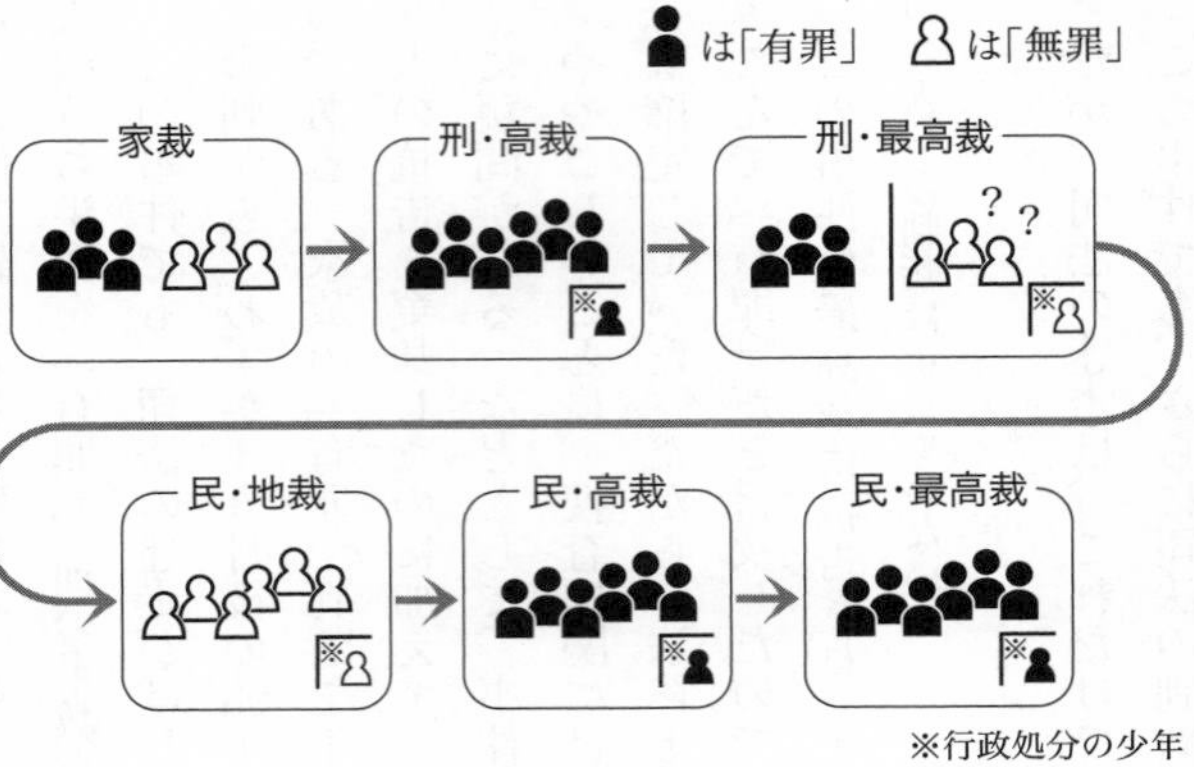

山形マット死事件

混迷を深めさせたのは、またも民事裁判だった。2002年3月、被害者の遺族が加害少年に賠償を求めた民事裁判の判決で、山形地裁がその請求を棄却したのだ。判決は、少年7人(行政処分の1人を含む)全員について、事件への関与を否定し、少年全員を「無罪」と判断したのである。

手島徹裁判長は、少年たちの自白について「取調官の圧力にぜい弱な14歳以下の少年であったにもかかわらず、自白に至る過程において、保護者等の立ち会いが排除された状態で、長時間でかつ過酷な取り調べを受けている」と指摘したうえで、「無罪」の根拠について「自白内容に変遷が見られ、その変遷に合理的な理由がない」、「自白内容を裏付けるべき客観的証拠がない」、「秘密の暴露が全くない」などと述べた。

しかし、事件はさらにひっくり返る。２００４年5月、今度は仙台高裁で少年全員を「有罪」とする逆転判決が出る。小野貞夫裁判長は判決で、「複数の者が暴力を振るい、制圧してマットに押し入れた可能性が高い」と認定したのである。

２００５年9月、この高裁判断を最高裁(上田豊三裁判長)が支持し、ようやく司法手続きは幕を閉じた。事件の当事者からすれば、たまったものではない。

本来は事件の真相を明らかにするべき司法が、一つの事件で有罪から無罪まで正反対の判断を繰り返す。司法の二転三転は、「いったい真実はどこにあるのか」という市民の疑問をぬぐえない結果を招いたのである(この他、傷害事件では、「調布駅南口事件」でも司法判断が二転三転した)。

少年事件で露見した「落とし穴」

綾瀬母子殺人事件、草加事件、山形マット死事件と、80年代半ばから90年代前半には、少年事件にこれまでと異なる視点が入ってきた。少年事件の捜査のありかたや司法の問題にスポットライトが当たるようになったのである。

これらの事件の少年たちは、いずれも15歳前後。中学生にあたる年代だった。

こうした事件で注目が集まったのは、まず捜査当局による取り調べの問題だった。この3つの事件が混乱をきたした大きな原因は、いずれも少年たちの自白調書の取り方にあった。未成熟で社会経験もなく、迎合しやすくて、やってもいない罪を「やった」と認めてしまうことの怖さを認識していない少年たちが、警察の厳しい捜査に萎縮して、自白を強いられている実態が明らかになったのである。

第3章で取り上げた手口の荒い年長少年の事件に比べると、こうした少年の「被害」をめぐる問題は、新聞各紙にとって、加害者の「親の立場」に立って報じやすく、また「ウチの子にかぎって」という世間の関心も得やすかった。世間にとっても、子供を守る視点から少年事件を見ることができたのである。

一方で、草加事件や山形マット死事件では、捜査機関を指弾した司法さえも迷走した。大きな理由は、少年法に「落とし穴」があったことだ。

国親思想に基づく少年法は、少年審判を「懇切を旨として、和やかに行う」と規定している。家裁の裁判官は、少年を裁くのではなく、更生させることが求められる。理想は美しいが、この理想の裏で構造的な欠陥が生じていた。

たとえば、それは少年審判での事実認定の甘さだった。刑事裁判では、有罪、無罪を判断するために事実認定が最も重視されるが、少年審判では、それが最大の目的ではない。少年の更生が最優先される少年審判で、ひとたび少年が否認すると、とたんに真実の発見が難しくなった。

また、刑事裁判なら、事実関係に争いがある重大な事件は、裁判官3人による合議が一般的だ。しかし、当時の少年審判では、事件はすべて1人の裁判官が単独で審理することになっていた。

加えて、少年審判には、時間の制約もあった。刑事裁判に比べて不十分な態勢にもかかわらず、少年の観護措置期間は4週間しか設けられていない。このため、家裁はおそろしくスピード審理が求められたのである（草加事件で少年審判が開かれたのは2回だけ。山形マット死事件でも、審理が長期化し、家裁は観護措置期間中に決定が出せず、少年3人を自宅に帰宅させた）。

そして、これらの家裁での審判の過程は、少年法により非公開。世間から見れば、少年審判は本当に適正に行われているのか確認できない「ブラックボックス」となっていた。

国親思想に基づいて少年を立ち直らせることを目的とした少年法制。しかし、もしかしたら少年の健全な育成をうたう少年法制は、子供だましのシステムにすぎないのではないか――。

戦後直後に施行された少年法は、約40年が過ぎて、制度の欠陥や運用の問題点があからさまになったのである。

「少年」にアンフェアな取り調べをしていた捜査当局。あたかも「少年」を軽んじるかのように「大人」レベルの態勢を整えていない司法。こうした事情もまた、少年事件の常識を揺るがせ、世間が少年事件を疑う下地をつくっていった。

第5章

平成初期 少年と死刑

18、19歳をめぐる死刑存廃論

大阪・愛知・岐阜連続リンチ殺人事件

市川市一家4人殺人事件

永山則夫以来の確定少年死刑囚　厳罰の司法と死刑廃止論

少年事件に十分な対応ができていない捜査体制や、少年法制の綻びが明るみになり、報道のあり方への疑問も積み残されたまま、時代は昭和から平成へと移る。国際的には冷戦が終結し、国内ではバブル経済が崩壊した時期だ。

90年代前半に新聞各紙が注目したのは、死刑の是非が問われた少年事件だ。すでに触れたように、少年法は18歳未満の少年の死刑を禁じている。必然的に死刑は18、19歳の年長少年の問題になった。平成に入り、司法は年長少年に厳しい姿勢を見せるようになったのである。

1992年3月、千葉県市川市で一家4人が殺害される事件が起きた。強盗殺人容疑で逮捕されたのは、19歳の少年だった。市川市一家4人殺人と呼ばれる事件だ。

少年はマンションに侵入すると、まず昼寝中の女性(83)を電気コードで絞殺。この家の世帯主の男性(42)と、その妻(36)の帰宅を待ち伏せて、2人とも包丁で刺殺した。さらに泣き出した夫婦の次女(4)も殺害した。家族でたった一人、長女(15)だけが命拾いしたが、彼女にも性的暴行を加えていた。

少年事件で犠牲者が4人に上るのは、永山則夫の事件以来のことだった。だが、その犯行は、より凄惨で悪質だった。

事件の半月ほど前に、少年は通りすがりに会った長女に性的暴行を加えていた。その際に奪った生徒手帳から住所を割り出し、マンションに侵入したのである。少年は暴力団と金銭がらみのトラブルを抱え、組員から現金200万円を要求されていた。その金銭を工面するために、盗み目的で少女の自宅に侵入し、次々と4人を殺害した。

「市川の家族4人殺人容疑　19歳の少年を逮捕」（朝日）
「19歳店員を逮捕」（読売）
「市川の一家4人殺害　19歳の少年逮捕」（毎日）

――各紙は少年の逮捕を朝刊の社会面で報じた。

ただ、これまでの同種の事件と同様に、各紙の続報は、それほど目立たなかった。犠牲者の人数は永山則夫の事件と同じだったが、細かな続報が散見されるだけで、淡々とした扱いにとどまっている。

少年は19歳の年長少年。なおかつ暴力団がらみのトラブルを起こしていた。加えて性犯罪も絡んでいる。事件は親子や教育を切り口にした少年事件の報道の「型」から逸脱していたのである。

さらに各紙がこの事件の続報を控えたのには、別の事情もあった。千葉県警は当初、少年を長女の友人と捉え、長女も聴取対象にしていたのである。そのために被害者である長女が、まるで共犯者のように受け止められる混乱があった。

この事件を報道が大きく扱ったのは、やはり刑事裁判に移ってからだった。検察が少年に死刑を求刑し、その是非が争点になったのである。

少年の死刑に各紙が注目した背景には、時代のうねりもあった。この時期、成人事件では、死刑制度の存廃をめぐる議論が熱を帯びていたのだ。

大きな理由は、冤罪事件だった。

1980年代中期から後半にかけて、成人の確定死刑囚が無罪となる冤罪事件が相次いだのである。四大死刑冤罪事件と呼ばれる免田、財田川、松山、島田の4つの事件は、長い再審の末に、いずれも無罪が確定していた。

これらの事件は、罪に問われるべきではない人が、国の過ちによって絞首刑にされうる危うさを、世に知らしめることとなった。

一方、国際的に見ても、このころ死刑制度を廃止する国が相次いだ。ヨーロッパの資本主義国では80年代に死刑が廃止され、冷戦の終焉と歩調を合わせるように、東欧の社会主義国でも、死刑を廃止する国が増えていた。

こうした国際的な潮流を受けて、日本の法曹界でも死刑廃止を求める声が上がる。市川市の一家4人殺人事件の判決の約1年前、国際情勢や四大冤罪事件に触れて、最高裁の大野正男裁判官が「死刑が残虐な刑罰に当たると評価される余地は著しく増大した」と個別意見を述べて話題を呼んだ。刑法学の重鎮である団藤重光《だんどうしげみつ》・元最高裁裁判官も、死刑の廃止を訴える運動をはじめていた。

こうした冤罪事件や国際事情と連動するように、国内では1989年から3年4カ月にわたって死刑の執行がなかった。一方で、裁判事情を見ると、1990年に最高裁で永山則夫の死刑が確定。死刑制度の存続を求める国民の声も、また強かった(1994年の内閣府の調査では、死刑は「やむをえない」とする国民が73・8%に上った)。

死刑をめぐるこうした事情に、各紙も敏感に反応したのである。

1994年8月、千葉地裁が少年に言い渡したのは、死刑だった。

「犯行時19歳被告に死刑」（朝日）
「19歳少年（犯行時）に死刑判決」（読売）
「19歳少年（当時）に死刑」（毎日）

――各紙は夕刊の一面で、死刑判決を伝えた。

神作《かんさく》良二裁判長は、判決で少年の犯行を厳しい言葉で非難している。

「少年はいささかの躊躇も逡巡もなく凶悪な犯行を次々に敢行しており、極めて冷静に行動している」

「四人もの生命を奪ったことについて、一片の悔恨の情も感じさせない平然とした態度をとっている」

「被害者らが苦しみ、悶える様を目のあたりにしても、一向に意に介さない冷酷非道この上ない所業は、とても人間のすることとは思われない」

神作裁判長は、国際的には死刑を廃止する国が多くあることを認めた一方で、日本では多くの国民が死刑廃止に疑問を抱いていることに言及した。そのうえで１９８３年の最高裁判例（永山基準）を検討し、「19歳の年長少年であって、身体的には十分発育を遂げ、知能も中位を保持し、すでに婚姻し（少年は結婚していた）、民法上は成年に達したとみなされる立場にあった」と死刑を選択した理由を述べた。

各紙は死刑判決の記事を社会面でも展開した。それを読むと、少年の死刑をどうとらえていたかが、うかがい知れる。

「世界的には死刑廃止の流れが進むなか、十九歳だった少年に極刑を適用すべきなのか」（朝日）

「少年の権利保護が叫ばれている中での極刑判決は、司法当局の死刑制度運用の流れを変えることの難しさを改めて浮き彫りにした」（読売）

「弁護側は罪状の大筋を争わず、少年法の精神や国内外で高まる死刑廃止への動きをアピールしたが、現行死刑制度の壁を打ち崩すことができなかった」（毎日）

各紙は死刑を選択した判決に懐疑的だった。

そこには、たとえ人を殺したからといって、司法が情け容赦なく少年の命を奪ってもいいのかという報道側の疑問が横たわっていた。

だが、この死刑判決は、東京高裁でも維持され、２００１年に最高裁で確定した。

「上告棄却で犯行時19歳の死刑確定」（朝日）
「最高裁も死刑支持」（読売）
「19歳（当時）死刑確定へ」（毎日）

——朝日、読売は一面で、毎日は社会面で報じた。

「大人」とどこが違うのか　年長少年と死刑

千葉地裁が19歳の少年に死刑判決を言い渡した２カ月後の94年10月。朝日、読売の朝刊社会面に、こんな少年事件の記事が掲載された。

「さらに1遺体　岐阜のリンチ殺人」

「遊び仲間が3人を殺害」

岐阜県の長良川で男性の遺体が見つかり、少年グループ(1人は成人)が逮捕、指名手配されたことを報じるニュースだった。いわゆる警察の「発表モノ」。ともにベタ記事だった。毎日は記事を載せてもいない。

後にこの事件は、大阪、愛知、岐阜と3府県をまたいで男性4人を殺害した少年グループの犯行であることが明らかになる。大阪・愛知・岐阜連続リンチ殺人と呼ばれる事件だ。逮捕された主犯格は、18、19歳の少年3人だった。犯行は無軌道で、なかなか理解しがたいので、時系列に追ってみる。

第一の事件は、大阪で発生した。

少年たちは94年9月、大阪・道頓堀の繁華街「ミナミ」で、面識のない男性(26)に言いがかりをつけて暴行し、少年が所属していた暴力団事務所に監禁する。さらに暴行を続けて、ベルトで首を絞めて殺害。犯行を隠蔽するため、遺体を高知県まで車で運び、山中に捨てた。驚くことに、再び大阪に戻った少年たちは、男性殺害の2日後、同じ道頓堀で今度は高校生を恐喝。その事件で警察に通報され、追われる身となる(この時点で、男性殺害は発覚していない)。

第二の事件は、その逃走中に発生した。

電車や車を乗り継いで逃走した少年たちは、愛知県稲沢市の知り合いの家に身を隠したが、そこでも知人の男性(22)とトラブルになる。今度はこの男性を車で同県尾西市(現・一宮市)に連れて行き、木曽川沿いの公園で暴行して殺害する。

第三の事件は、第二の事件の翌日だった。

少年たちは稲沢市内のボウリング場で、面識のない少年(19)と会社員の男性(20)から金を奪い、さらに車で岐阜県の長良川の河川敷に連れて行き、金属パイプで殴って殺害したのである。

この身勝手きわまる犯行で、最初に遺体が発見されたのが、第三の事件の被害者だった。このため、まずは岐阜県警が単独で捜査していた。

犯行が乱暴で、犠牲者が4人に上る事件でありながら、この事件の各紙の扱いはアッサリしたものだった。初報の段階では、事件が広がることを予測できず、なおかつ最初に捜査したのが岐阜県警だったためである(この日は作家、大江健三郎のノーベル賞受賞に沸いた日でもあった)。

これまで触れてきたように、東京本社が発行する紙面の場合、やはりニュースは東京偏重になる。地方の事件の扱いは、小さくなるのだ。

事件の概要は、少年グループの逮捕後、徐々に明らかになったが、最初にボタンをかけ間違えた各紙は、そこから紙面の扱いを変えることができなかったのである。

少し脇にそれるが、この事件では報道にとって隠れた論点があった。それは、少年の実名報道の問題だ。

主犯格の少年1人が、事件発覚後、3カ月以上も逃亡し、警察が殺人容疑で指名手配していたのである。つまり、新聞協会が打ち出した実名報道の要件である「指名手配中の犯人捜査に協力する場合」にあてはまっていた。しかし、各紙が逃走中の少年を実名で報じることはなかった。

もちろん、指名手配したからといって、警察側も少年法を破って実名や写真を一般に公開することまではしていない。ただ、新聞協会の方針がある以上、この事件は実名報道の是非が検討されるケースともいえた。

しかしながら、当時の報道を見ると、各紙のあいだで指名手配に基づく実名報道が検討された気配はない。各紙とも「少年を指名手配した」という事実を、匿名で淡々と報じているだけである。

新聞協会が、少年事件報道の方針を定めたのは、1958年。36年の歳月を経て、「少年事件の報道は匿名」のルールが新聞社の不文律になっていたのだろう。

この事件も、各紙が大きく扱いはじめたのは、刑事裁判に移行してからのことだった。主犯格の少年3人は、最終的に名古屋地裁に逆送された。その刑事裁判で、検察が少年全員に死刑を求刑したのである。

この事件では、3人の供述がバラバラだった。また、3人以外にも事件に関与した共犯者がいて、裁判での事実認定は煩雑だった。裁判は、初公判から判決まで6年がかりとなった。同時期に起きた市川市一家4人殺人事件の千葉地裁判決が、初公判から1年7カ月(94年8月)だったことを考えると、きわめて時間がかかったといえる。

2001年7月、名古屋地裁(石山容示裁判長)は19歳の少年1人に死刑、残りの2人に無期懲役を言い渡す。

「連続リンチ　1人死刑2人無期懲役」(朝日)
「4人リンチ死　19歳(犯行時)に死刑判決　2人には無期」(読売)

「連続リンチ殺人　当時の少年1人に死刑、2人は無期懲役」（毎日）

——各紙とも朝刊の一面で判決を報じた。

この事件は、2005年10月の名古屋高裁判決（川原誠裁判長）で、無期懲役の2人にも死刑が言い渡された。3人全員が死刑となったのである。一つの事件で少年が3人も死刑になるのは、戦後初めてのことだった。

「当時少年　3人に死刑」（朝日）
「元少年3人に死刑」（読売）
「元少年3人に死刑判決　2人は1審『無期』覆し」（毎日）

——この日は、小泉純一郎首相肝いりの郵政民営化法の成立と重なった。しかし、各紙はこの判決を一面にねじ込んだ。

この高裁判決は、2011年3月に最高裁判決で確定。各紙はいずれも朝刊の一面で報じている。

すでに触れたように、少年法は18歳未満の少年について、法定刑の上限を無期懲役と規定している。一方で18、19歳の年長少年については、死刑を認めている。法定刑だけをみれば、年長少年は「大人」と変わらないともいえる。

市川市一家4人殺人事件と、大阪・愛知・岐阜連続リンチ殺人事件。この時期に注目された二つの事件は、親子や教育といったそれまでの少年事件の「型」から明らかに逸脱していた。だが、各紙は「死刑」の問題を通じて、大人と同様に扱われた年長の少年を取り上げたのである。

ところで、ここでもう一つ、注目すべき点がある。

この二つの事件は、ほぼ同時期に発生したにもかかわらず、1審の死刑判決をめぐって、報道のスタンスが変わっているのだ。その違いは、社会面に顕著にあらわれている。

市川の事件では、各紙とも司法が少年に死刑を言い渡したことに懐疑的だった。各紙は少年の生い立ちや、死刑を言い渡された瞬間の表情なども記事に盛りこんでいた。総じていえば、新聞協会が示した加害者の「親の立場に立った」報道だった。

ところが、大阪・愛知・岐阜連続リンチ殺人事件では、地裁判決の社会面の視点が異なった。1審の死刑判決のときの社会面の記事の見出しは、別の視点に立っているのである。

「遺族『生きてほしかった』」(朝日)
「遺族『無念』あらわ」(読売)
「無期『号泣』死刑『ため息』遺族『パニック』」(毎日)

――いずれも遺族の思いを大きく伝えていた。
それは少年事件の被害者の「親の立場に立った」報道だった。
なぜ報道のスタンスが、大きく変わったのか。
この二つの裁判のあいだには、少年事件史を変える事件が起きていたのである。

第6章

少年事件史の転成

加害者の視点から被害者の視点へ

神戸連続児童殺傷事件
光市母子殺人事件

衝撃の事件発生　踊らされる報道

市川市の一家4人殺人と、大阪・愛知・岐阜連続リンチ殺人。この二つの刑事裁判の1審判決が出るあいだに、少年事件の「少年」観を大きく変えるできごとが起きた。

1997年の神戸連続児童殺傷事件だ。

これまでの少年事件でくすぶってきた幾多の火種が、この事件で一気に爆発する。そして、少年事件のとらえ方も、正反対に変わる。

これから触れる事件の詳細は、新聞報道に基づくが、残酷な描写が伴うことをご容赦願いたい。

「不明男児殺される　学校前に切断頭部」(朝日)

一報は、衝撃的だった。

97年5月、中学校の校門で、男児の頭部が発見される。それが、はじまりだった。

「中学校正門に小6男児の頭部　神戸不明から3日」(読売)
「校門に小6男児の切断遺体頭部　不明3日、口の中に不審な紙片」(毎日)

——各紙はこのニュースを夕刊一面で伝えた。

男児は数日前から行方不明となり、兵庫県警が捜査していた。公開捜査を発表した当日に、無残な姿で発見されたのだ。

男児の頭部は、正門前に置かれていた。耳から口にかけて鋭利な刃物で切られ、白い紙きれが口にはさまれていた。

紙片には「鬼薔薇(おにばら)」と読める文字が走り書きされていた。さらに警察を挑発する文面がつづいていた。

「『止められるなら止めてみろ』　紙片に警察への挑戦」(朝日)
「挑戦状?　『私を止めることができるか』」(読売)
「挑発か、口の紙片に『私を止められるか』」(毎日)

――翌日の朝刊の社会面アタマで、各紙は一斉に走り書きの一部を伝えた。事件には、前兆もあった。この3カ月前から、同じ地域で小学生の女児4人が通り魔に襲われ、金槌で殴られた1人が死亡していたのだ。

事件は、1958年の小松川女子高生殺人事件、あるいは1984年のグリコ・森永事件のような劇場型の犯罪だった。

犯人は逃走し、犯行は残虐。「地方」の事件ではあったが、各紙の紙面での扱いは派手だった。スクープ合戦がはじまったのである。

「『ぼくは人を殺すのが愉快』　遺体の紙片に記述」(朝日)
「現場近く路上に血痕　遺体発見後の関連を捜査」(読売)
「神戸の男児殺害・死体遺棄事件　頭を一撃し絞殺　傷に生体反応を確認」(毎日)

――発覚翌々日の朝刊社会面

「『スクールキル』　つづり間違う」(朝日)
「淳君(被害者の名前)の血液型と一致　犯行誇示の可能性」(読売)

「路上の血痕、土師淳君の血液型と一致　遺体発見後、故意にまく？」（毎日）
――同日夕刊社会面

さらに、発覚から３日後。男児の口にはさまれた走り書きの文面を、朝日、毎日がそのまま朝刊の一面に載せる異例の事態となる（読売も同日夕刊の社会面で掲載／文面の誤字脱字ママ）。

〈さあ、ゲームの始まりです／警察諸君、私を止めてみたまえ
人の死が見たくてしょうがない／私は殺しが愉快でたまらない
積年の大怨に流血の裁きを／ＳＨＯＯＬＬ　ＫＩＬＬ／学校殺死の酒鬼薔薇〉

世間をあざ笑うかのような文面に触発された各紙は、本社から大勢の応援記者を投入する。記者たちは連日連夜にわたって警察幹部に夜討ち朝駆けをし、特ダネ争いがエスカレートした（続報記事には、「不審者は30代男性」「不審なスクーター目撃」などの誤報や、遺体の破損状況や胃の残留物など人権への配慮に欠く記事もあった）。

そして、遺体発見から９日後。さらに犯人の大胆な行動が明らかにされた。犯人は、地元紙

の神戸新聞に、犯行声明文を送りつけたのだ。

それはこんな声明文だった。

神戸新聞社へ

この前ボクが出ている時にたまたまテレビがついており、それを見ていたところ、報道人がボクの名を読み違えて「鬼薔薇」(オニバラ)と言っているのを聞いた人の名を読み違えるなどこの上なく愚弄な行為である。表の紙に書いた文字は、暗号でも謎かけでも当て字でもない、嘘偽りないボクの本命である。ボクが存在した瞬間からその名がついており、やりたいこともちゃんと決まっていた。しかし悲しいことにぼくには国籍がない。今までに自分の名で人から呼ばれたこともない。もしボクが生まれた時からボクのままであれば、わざわざ切断した頭部を中学校の正門に放置するなどという行動はとらないであろう

やろうと思えば誰にも気づかれずにひっそりと殺人を楽しむ事もできたのである。ボクがわざわざ世間の注目を集めたのは、今までも、そしてこれからも透明な存在であり続けるボクを、せめてあなた達の空想の中でだけでも実在の人間として認めて頂きたいのである。そ

れと同時に、透明な存在であるボクを造り出した義務教育と、義務教育を生み出した社会への復讐も忘れてはいない

だが単に復讐するだけなら、今まで背負っていた重荷を下ろすだけで、何も得ることができない

そこでぼくは、世界でただ一人ぼくと同じ透明な存在である友人に相談してみたのである。すると彼は、「みじめでなく価値ある復讐をしたいのであれば、君の趣味でもあり存在理由でもありまた目的でもある殺人を交えて復讐をゲームとして楽しみ、君の趣味を殺人から復讐へと変えていけばいいのですよ、そうすれば得るものも失うものもなく、それ以上でもなければそれ以下でもない君だけの新しい世界を作っていけると思いますよ。」その言葉につき動かされるようにしてボクは今回の殺人ゲームを開始した。

しかし今となっても何故ボクが殺しが好きなのかは分からない。持って生まれた自然の性としか言いようがないのである。殺しをしている時だけは日頃の憎悪から解放され、安らぎを得る事ができる。人の痛みのみが、ボクの痛みを和らげる事ができるのである。（以下略／誤字脱字ママ）

神戸新聞は、この声明文の全文を公表した。

犯行が凶悪で残忍▽動機が不明確で社会不安が高まる中、犯行の反社会性を明らかにする▽犯人像を絞り込む有力な手掛かりとなる——というのが理由だった。

公表の当日は、東京地検特捜部が総会屋への利益供与事件をめぐって、第一勧銀の役員を逮捕していた。特捜部の事件は、各紙の「主戦場」であり、都銀幹部の逮捕となれば、本来なら ば一面に「地方」の事件を載せる余裕などない。

しかし、各紙は犯行声明が神戸新聞に届いたというニュースを、朝刊一面で伝えた。この事件は、普通の「事件」の範疇を超えていたのである。

ここで問題になるのは、犯行声明の掲載のしかただ。

いうまでもなく、犯行声明を丸々掲載することは、報道にとってリスクがある。報道する側も、事件の渦中に引きずりこまれるからだ。犯人の言い分をタレ流しにすれば、みすみす相手の罠にはめられることになる。だが、それでも各紙は全文を載せたのである（朝日は一面、読売、毎日は社会面）。

声明文の公表は、結果的に報道をさらに過熱させる〝燃料〟となった。文章の特徴や筆跡の癖の検証がはじまり、犯人推理に作家がかり出されるなど、各紙の報道は熱を帯びた。

ここで留意しておきたいのは、どの新聞社も、この段階ではまだ「犯人」が少年だと予想していなかったことだ。

今になってこの声明文を読めば、高尚なようで、どこか既視感のある言い回しが多用されている。また、誤字や脱字も多く、行間から自己愛の強さが垣間見えると指摘することも可能だ。現実の手触りを欠いた言葉の連なりから、いわゆる「中二病」と揶揄される少年によるものと推量することもできるかもしれない。

しかし、当時の紙面をみると、「酒鬼薔薇」なる人物が、少年である可能性を示唆した記事も、識者談話も見当たらない。第一線で活躍するジャーナリストも、名だたる学識者も、それが少年の「犯行」だと見抜けなかったのである。

それだけに、少年逮捕の衝撃は大きかった。

一面が「少年逮捕」一色に　衝撃と動揺がにじむ新聞

逮捕は、青天の霹靂だった。

事件の発覚から約1カ月後の6月28日。14歳の少年が、いきなり兵庫県警に逮捕されたのだ。

同日夜、兵庫県警は緊急の記者会見を開き、少年の逮捕を発表。報道の「前打ち」(発表前にスクープ記事を載せること)は、一切なかった。

「犯人」は、遺体が見つかった中学校に通う中学3年の少年。被害者とも顔見知りだった。

「淳君事件　中3男子を逮捕」(朝日)
「淳君殺害容疑　中3少年逮捕」(読売)
「淳君殺害　中3男子を逮捕」(毎日)

――各紙とも、朝刊で少年の逮捕を報じた。

驚くべきは、その扱いだ。

各紙とも、朝刊の一面を丸々使って、少年の逮捕を報じたのである。

先にも触れたように、新聞が最も重視する一面には、政治や経済、国際情勢など複数の記事が必ず入る。どんなに大きなニュースが飛びこんできても、一つの記事で紙面を偏らせることはない。他にも伝えるべきニュースを盛りこんで、一辺倒にせずにバランスを保つことが、新聞の矜持でもある。

ところが、この日の紙面は、14歳の少年のニュース一色に染まった。それは、新聞史上、異例中の異例のできごとだった。

それが、どれだけ特異なことなのか。過去の事件を振り返ってみると、よくわかる。たとえば、少年事件の扱いが大きかった50～60年代でも、小松川女子高生殺人はもちろん、永山則夫や山口二矢の事件でさえ、一面がそれのみで埋まることはなかった。

成人の事件を見ても、前例が見当たらない。リクルート事件の江副浩正の逮捕や、東京・埼玉連続幼女誘拐殺人の宮崎勤の逮捕でさえ、それほどの扱いではなかった。かろうじて、ロッキード事件の田中角栄・元首相の逮捕や、オウム真理教の麻原彰晃の逮捕時は一面がそれのみで埋まったが、しかしそれらはいずれも夕刊だった。

神戸の事件と同様に「犯人逮捕」のニュースで朝刊の一面がまるまる埋め尽くされたケースは、ただひとつ。安倍晋三・元首相を殺した銃撃犯の逮捕のみだ。つまりサカキバラ少年の逮捕は、一国の元宰相の殺害犯並みに、ニュース価値が置かれたのである。いかに神戸の事件が衝撃的だったかということだ。

そしてこの事件が発生するまで、少年事件の新聞報道は、たとえどんなに残虐な事件でも、抑制的であるのが「常識」だった。新聞協会の方針通りに、加害者の「親の立場」に立ち、成人よりも扱いを小さく抑えていた。いたずらなスキャンダリズムに陥らないように、配慮することが意識されていたのである。

ところが、この事件は新聞各紙のスタンスを反転させた。少年事件の報道史をがらりと変えたのである。

この少年逮捕を、各紙は社会面や社説でも手厚く報じている。

たとえば、朝日。

「まさか中学生が『弱ければだれでもよかった』」「社会に挑戦なぜ」

――といった見出しで、社会面の見開きページをほぼ事件の記事で埋めつくし、逮捕当日のドキュメントも掲載。本来は政治や海外ニュースを扱う二面や三面でも事件を報じた。

さらに社説では「今回の事件を、私たちは冷静に解読する責任がある。その作業を通して、社会のあり方に欠陥があるとすれば、どこにどのような要因があるのか、深く考えなければならない」と強調した。

読売も同様だった。

「『まさか』　14歳の凶行」「『弱者ならだれでもよかった』」「近所の子、通り魔も……」

――と、社会面を見開き、やはり二、三面をほぼ事件の記事で埋めた。社説では「少年をこれほど憎しみに満ちた残忍な犯行に走らせたものは何だったのか。少年は取り調べに『殺害の相手はだれでもよかった』と自供しているという。その心の荒廃は空恐ろしいばかりだ。動機と背景を多角的に解明しなければならない」と訴えた。

毎日も変わらない。

「近所の子だとは　惨殺背景は」「息をのむ教育界」

――の見出しで、社会面で「14歳の衝撃」と題して緊急連載をはじめた。二、三面でも事件を報じ、社説では「あまりにもむごい事件だったが、その容疑者が同じ区内の中学3年生だったことで、事件の異様さとナゾはさらに深まった(中略)これだけむごく、異常な犯罪をなす人間をこの社会が生み、しかもそれが少年であることの怖さと痛みを、私たちは改めて知らされた」と記している。

新聞協会発行の雑誌「新聞研究」に、衝撃に動揺する新聞社の雰囲気を伝えた記録が残っている。朝日の前線デスクとして事件を仕切っていた両角晃一《もろずみ》社会部次長は、社内の雰囲気を、こう振り返っている。

「当初、各社の報道は、おしなべて、罪のない子供を殺し、首を切断し、警察をあざ笑うような声明文を送り付けた〈憎むべき容疑者〉〈犯罪史上例を見ない猟奇事件〉という土台の上に成立していたと思う。それが少年の逮捕で一変した。六月二十八日夜。私は神戸の前線からたまたま本社社会部に戻っていた。『少年逮捕』の一報に編集局は騒然となった」

また、読売の加藤譲神戸総局長も、事件直後の様子を、こう記した。

「『容疑者は少年』『十四歳、中学三年』。次々と入ってくる情報に、取材班が受けた衝撃は大きかった。予想していた犯人像と違っていたこともあるが、何よりも『十四歳』という事実に直撃された」

少年の逮捕は、それほどまでにニュースバリューが大きかったのか。それとも報道を巻き込んだ一種のヒステリーだったのか。いずれにしても、どの社の紙面にも、「犯人」が14歳の少年だった衝撃と動揺がにじんでいた。事件の衝撃は、事件取材が豊富なベテランにとっても、かつてないほど大きかったのである。

少年事件は「小さく」から「大きく」へ　固有名詞化した「少年A」

事件の「犯人」は、14歳の少年。その激震は、新聞報道のあり方を変えた。少年事件を抑制的に報じるのではなく、手厚く、つまびらかに(あるいはどぎつく)扱う方向に、各紙は舵を切る。それは、少年事件報道史の一大転換だった。

犯行の手口や動機。凶器の押収や、犯行後の少年の言動。さらには政治家や文部省、法務省などの省庁の動きまで、事件に関連するとなれば、各紙はスクープ合戦を展開し、微に入り、細に入り、事件を詳報した。それは、テレビのワイドショーさながらだった。

「連続通り魔事件も認める」
「大人に見せない別の顔」
「『透明な存在』実像は……」
「通り魔事件詳述メモ」

朝日は逮捕の報道から13日間連続で、朝刊夕刊の紙面で続報を掲載。

「頭部、一時自宅に」
「少年はなぜ変わった」
「頭部切断は『儀式』」

読売も逮捕から18日間ぶっ通しで続報を打ちつづける。

「連続通り魔も認める供述　学校への恨みが動機か」
「中3供述　『瑪羅門《ばらもん》の生まれ変わり』」
「『自分の行為』仲間に誇示？」

毎日も20日間にわたり、続報を掲載した。

第1章で触れたように、事件が大きく扱われる二つのパターンは、犯人が捕まっていない場合と、全国紙の記者が特ダネ争いにしのぎを削る警視庁や大阪府警が捜査する場合だ。犯人が逮捕されれば一件落着だし、地方の事件では各紙とも支局の人手が足りないのだ。だが、この神戸の事件は、逮捕後も続報の熱が冷めなかった。事件は、新聞社の慣例や台所事情を軽々となぎ倒したのである。

この事件は、少年事件の報道の量だけでなく、その質も変えた。世間の注目する少年の「型」が、様変わりしたのである。

ここで、それまで各紙がニュース価値を見いだした（あるいは見いださなかった）少年事件を、もう一度振り返ってみる。

たとえば、各紙が関心を抱いたのは、60年代ならば、山口二矢のような政治少年であり、永山則夫のように極貧に育った少年だった。80年代に入れば、家庭や学校に背景があるとされた事件、つまり「親子」や「教育」を基軸とした事件だった。90年代初頭に注目されたのは、死刑を宣告された年長少年だ。

一方で、「1969年の酒鬼薔薇事件」と称された15歳の同級生の首切り事件や、目黒の中2少年の祖母両親殺害事件などは、尻すぼみの報道に終わった。報道はこれらの事件を、個別の子供の事件として、目をつぶったのである。

つまるところ、各紙が価値を置いたのは、社会の情勢と結びつく少年事件だった。過ちを犯した少年を通じて得られた教訓を、社会にフィードバックする。その意味で少年事件は、まさに「社会の鏡」だったのである。

そうした視点に立つと、神戸の事件は、従来ならば大きく報じられないタイプの少年事件だった。14歳の少年に政治的な思想などなかったし、貧困にあえいでいたわけでもない。そして、ツッパリでもない目立たない存在だった。

道徳的な価値観が失われたかにみえる少年の「犯行」は、80年代以後の少年事件報道の典型だった「ウチの子にかぎって」の文脈からも、明らかに逸脱していた。

少年は中学生だったが、もはや新聞はこの事件を加害者の「親の立場」に立って報道することはできなかった。「ひとつ屋根の下」の家族の事件としてはとらえられなかったのである。しいていうならば、少年は社会から切り離された存在だった。

この事件で、少年事件をめぐる報道のスタンスは足場を失った。この事件は報道にとって、少年が人を殺す理由が「わからない」事件だったのである。

だが、それゆえに、この事件は「少年事件はわからない」という、新たな基軸を生んだともいえた。犯行声明で少年が自らを「透明な存在」と称したことも、それに拍車をかけた。

14歳の少年は匿名で報じられたにもかかわらず、ちまたでは「少年A」と名付けられた。その呼称そのものが、神戸の少年本人を指す固有名詞化したのだ。

匿名と個人名の両義性をもつ「少年A」。

その報道は過熱し、やがて「少年A」の存在は一人歩きしていく。少年は怪物《モンスター》化して報じられていくのである。

この神戸の事件以後、少年事件は、少年が「犯人」であるがゆえに、成人よりもむしろ大きく報道されるようになる。

少年事件は「小さく」から「大きく」へ。

この事件でもって、少年事件報道のたがが外れる。

「開かずのカーテン」　火種が爆発する少年法制

神戸の事件が変えたのは、報道のスタンスだけではなかった。これまで、その場しのぎでかわしてきた少年法制の綻びも、世間に露呈させた。

14歳の少年は、男児の殺害の前に、小4の女児(10)を殺害し、ハンマーやナイフで小学女児3人にけがをさせる連続通り魔事件も起こしていた。兵庫県警は、この事件でも少年を逮捕し、勾留期間は27日間に及んだ。

問題は、その後だった。

これまでおざなりにしてきた制度や体制の問題が、一気に噴きだしたのである。

まず表面化したのは、法律の問題だった。刑法と少年法の規定のあいだに、矛盾があったのだ。

刑法は、14歳未満の少年は「罰しない」と規定している。一方で当時の少年法は、刑事裁判への逆送は16歳以上に限る、と規定していた。少しややこしいが、刑法で刑罰を科す対象は14歳以上なのに、少年法に基づくと16歳未満の少年は刑事処分ができない、ということだ。つまり、二つの法律が、14、15歳の少年に異なる基準を示していたのである。

神戸の少年は、14歳。まさにこの矛盾の落とし穴にはまる年齢だった。

不備が生じたのは、法律というハード面だけではなかった。少年事件を担当する家裁の体制も、万全とはいいがたかった。

成人の刑事事件では、重大事件は3人の裁判官による合議制で審理するのが一般的だが、家裁の少年審判では、合議制が導入されていなかった。どんなに難しい事件でも、裁判官一人に責任が負わされていたのだ(これは第4章でも触れた問題だ)。

たしかに、少年審判では、その脆弱な体制を家裁調査官や少年鑑別所の職員が補助する。しかし、調査官も鑑別所の職員も、本来の職務は、少年の今後の健全育成のために何が必要かを考えることだ。つまり、捜査のプロではない。極論をしてしまえば、事実認定や、事件の真相解明は二の次になってしまう。

加えて、家裁には少年を調べる時間が圧倒的に不足していた。少年法による観護措置の期限は、最長4週間。成人の刑事裁判なら、初公判から判決まで数年、なかには10年近くに及ぶ事件もザラにある時代なのに、である。家裁はその短い期間内で少年の処分を決めるように求められていたのだ。

もちろん、少年事件でも、刑事裁判へと逆送されれば、話は別だ(たとえば、永山則夫の事件では1審の初公判から判決まで10年、大阪・愛知・岐阜連続リンチ殺人事件でも6年の歳月を要している)。

ところが、神戸の少年は、14歳のために刑事裁判に逆送できない。動機も真相も「わからない」事件を、家裁は脆弱な体制のまま、4週間で急ピッチに解明しなければならなかったのである。

問題は、それだけではなかった。少年を少年院に収容した後にも、難問が待ち受けていた。少年は、たとえ少年院に入っても、3年以内に出院する可能性が高かったのだ。法務省が、少年院への収容期間について「原則2年以内。延長は最長で1年」とする通達(1977年の同省矯正局長)を出していたからだ。

これだけの事件を起こした少年が、刑事処分を受けるどころか、3年以内に出院する可能性が高い——。こうした国の運用に、世間の反発も大きかった。

この問題については、法務省が速やかに対応し、全国の矯正管区長、少年院長に向けて、必要に応じて3年以上の収容もするよう改めて通知を出した(その結果、3年以上、年齢的には最長26歳まで収容が可能な運用に変更された)。

そして、少年法制には、この法律の施行以来、長らく横たわってきた手つかずの問題があった。少年法のぶ厚いカーテン。少年審判の閉鎖性の問題だ。少年法により、少年審判は非公開。なおかつ刑事裁判の判決にあたる「決定」も、社会には公表されないのである。

だが、これだけ世間を震撼させた事件を、「少年の更生を妨げる」という理由だけで闇に伏してしまうのは、もはや難しかった。この事件は、事件を超えて事変と化していたのである。

家裁が用いた裏技「精神鑑定」

こうした少年法制の綻びを繕うために、神戸家裁は裏技的な手段を用いる。

まず着手したのは、事件の真相解明と、時間不足の解消の手立てだった。

神戸家裁が使った手段。それは、精神鑑定だった。

神戸家裁の井垣康弘裁判官は、少年審判で精神鑑定の採用を決めたのである。少年の心の内を精神科医にみてもらう、ということだ。

ここで、一度立ち止まってほしい。

そもそも精神鑑定は、刑事責任能力の有無を調べるためにある。犯行時に、加害者が心神喪失状態や心神耗弱であったかどうかを調べるために、医師の鑑定を参考にする。それが、精神鑑定の目的だ。

それなのに神戸家裁は、あらかじめ刑罰を科されないことが決まっている少年に、わざわざ精神鑑定をすることにしたのである。

それまで家裁が精神鑑定を採用したケースは、全国的にみてもほとんど例がなかった。永山則夫など重大な少年事件でさえ、鑑定が実施されたのは、いずれも起訴されて刑事裁判に移行してからだ。

毎日新聞の調査によると、全国の家裁で精神鑑定が実施された事例は、1959年以降に30件未満（当時）。うち事件当時の年齢が14、15歳だったのは、3件のみだった（同）。その3件も、障害者施設や医療少年院の入所者や、精神分裂病（現・統合失調症）と判断されたケースだった。

では今回、なぜ家裁は精神鑑定を実施したのか。それは、わずか14歳の少年が、人を殺めた理由を探るためだった。事件の真相解明に、精神科医の協力を仰いだのである。

鑑定人に選ばれた精神科医は、少年の事件当時の精神状態や精神疾患の有無などを調べ、CT（コンピューター断層撮影）、MRI（核磁気共鳴画像化装置）撮影、脳波検査などで医学的な見地から少年の状態を診断した。そして、少年とじかに面接をしながら、少年の心の内を探ったのである。

精神医学を専門とする医師による診断は、家裁の調査官とも、鑑別所の技官とも異なるアプローチだった。そして、少年事件の捜査に慣れていない警察や検察の調べよりも、少年が事件を起こした動機や、その背景を探るには有効な手段ともいえた。

さらに、この鑑定の実施には、別の恩恵もあった。時間不足の埋め合わせ、である。鑑定期間中は、観護措置が停止されるのだ。

少年の観護措置は最長4週間。だが、鑑定をしているあいだは、その時計の針を止めることができたのだ。家裁が決めた鑑定期間は、約2カ月。つまり、2カ月分の時間稼ぎをすることで、家裁の調査官たちは調査に余裕を得られたのである。

「中3少年、精神鑑定へ」（朝日）
「中3少年を精神鑑定　留置60日決定」（読売）
「少年の精神鑑定決定」（毎日）

——家裁の異例の対応を、各紙は朝刊一面で報じている。

光が差した「開かずのカーテン」

97年10月、神戸家裁は、少年を医療少年院に収容することを決めた。そして、この少年審判で、家裁はこれまでとは異なる対応を取った。

渦巻く社会の不信を、少しでも解消する——。

そのために、井垣康弘裁判官は、少年審判の決定を詳細にわたって公表したのだ。少年の名前や家族関係など個人の特定につながるプライバシー情報を省き、決定の要旨(A4判8枚)という体裁を取って、可能なかぎり、事件当時の少年の心理を明らかにしたのである。

「開かずのカーテン」だった少年審判の中身を公表して、社会の関心に応えたのは、画期的なできごとだった。少年事件をめぐる司法の大きな変化といっていい。

決定の内容は、精神鑑定の結果を下敷きにしたものだった。精神科医が少年を12回にわたり問診し、事件を起こしたときの精神状況についてまとめていたのである。

その決定は、次のような内容だった。

井垣裁判官は、まず少年には「未分化な性衝動と攻撃性があり、それが結合して持続的で強固なサディズムが生まれていた」と指摘。それが事件の重要な要因になっていた、と判断した。

さらに、少年の「低い自己肯定感」や「乏しい共感能力」、「直観像素質者」としての資質が、事件の実行を容易にさせたと指摘。一連の事件は、少年の長期の非行の延長線上に位置づけられ、事件は「その極限的な到達点」だったと結論づけていた。これらの言及は、いずれも精神鑑定に基づいたものだった。

さらに決定は、それにつづいて少年の成育歴や、事件への心理的な背景にも触れた。母親がしつけに厳しかったこと。小学校高学年ごろから、少年がカエルや猫の解剖をするようになったこと。そして、中学生になると、殺人の空想にふけることによって、性衝動を空想の中で解消して抑えていた、としたうえで、「少年は、自分は他人と違い、異常であると落込み、生まれてこなければ良かった、自分の人生は無価値だ、と思った。だが、この世は、弱肉強食の世界であり、自分が強者なら弱者を殺し、支配することができる、などという自己の殺人衝動を正当化する独善的理屈を作りあげていった」と少年の心のうちを分析していた。

14歳の少年が、なぜ人を殺めたのか。

精神鑑定を下敷きにした家裁の決定は、事件の動機について、これまでのように家庭や教育環境に過度な原因を求めなかった。事件に至った理由と、少年の個人的な特性とを深く結びつけていた。精神鑑定が、決定に大きな影響を及ぼしたのである。

「中3、精神医学的治療を　医療少年院送致を決定」(朝日)
「医療少年院に長期収容　小学生連続殺傷の中3処分決定」(読売)
「中3を医療少年院送致」(毎日)

各紙は、少年の保護処分を朝刊一面で伝え、審判の決定(要旨)の全文も掲載した。

事件を担当した井垣裁判官は、14歳の少年の印象を、退官後にこう述べている。

「初めて会った少年Aは、華奢な少年というだけの印象だった。(中略)審判廷中央の席に座っている少年の姿は、『萎びた野菜』のようで、今にも椅子から崩れ落ちそうだった」

裁判官の目を通した少年Aは、得体の知れない怪物というよりも、むしろ、ひ弱で独善的な少年だったのである。つづけて井垣氏は審判を通じて抱いた少年への思いをつづっている。

「Aは、審判でおおむね『心ここにあらず』という態度で終始し、自殺を図りかねないのではないかと周囲は心配した。しかし見方を変えれば、Aのその態度は、審判の当時、彼が自分のことしか考えていなかったからだともいえる。『輝いて生きていた』被害者の姿を、ご遺族の『悲しみ』を、審判廷でAに伝えることによって、彼に、もっと深く考えてもらいたかった」

余談ではあるが、この決定が出る直前に、戦後を代表する少年事件にも、動きがあった。97

年8月、永山則夫の死刑が執行されたのである。

事件発生から29年、死刑確定から7年後の執行。19歳だった永山は、48歳になっていた。

神戸の事件が世間を騒がせていたさなかに、四半世紀前に、少年事件とは何かを世に問うた永山は、この世を去る。

かつて「社会の落とし子」のシンボルとして光を浴びた永山は、刑の執行後、火葬され、出身地である網走沖のオホーツク海に散骨された。戦後の少年事件史に残る永山の人生が、ここで終わる。

各紙は朝刊の一面で永山の死刑執行を伝えている。


メディアが置き去りにしていた少年事件の遺族

そして、神戸の事件をめぐっては、新聞やテレビ、週刊誌などのマスメディアとは別の場所でも、世間の心を動かすうねりが生じた。
少年Aに我が子を殺された遺族が、手記を出版したのである。
「淳」(土師《は》守《せまもる》)、「彩花へ」(山下京子)
二つの手記には、親の目を通した子供の成長の記録や、理不尽な事件で日常を奪われた家族の現実、メディアスクラムによる報道被害のありさまが、語り言葉で記されていた。加害者が、少年であろうと、成人であろうと、被害者の受けた被害は変わらないという現実。肉親による痛切な手記は、多くの読者の胸を打った。また手記では、これまでの少年事件への司法や社会、報道のあり方に疑問が投げかけられていた。

不条理に事件に巻き込まれた当事者が、自らが受けた被害を新聞やテレビというメディアを通すことなく直接世間に訴えたのは、少年事件ではきわめて異例のことだった（おそらく成人が加害者の事件を含めても）。これらの手記により、少年事件で我が子の命を奪われるということが、どれだけ悲痛な被害なのかを世間は知ったのである。

この事件の直後から、犯罪被害者の遺族たちが、自ら声をあげる動きが広まった。少年犯罪の被害者の家族でつくる「少年犯罪被害当事者の会」が97年に設立され、「全国犯罪被害者の会」（あすの会）も2000年に設立。これまで報道が置き去りにしていた事件の被害者が、その実情を世に訴えたのである。

この事件を機に、報道は加害者側から被害者側へと視点を切り替える。

加害者の「親の立場」から、被害者の「親の立場」へ。戦後の少年事件史が、ここで大きく転成したのである。

それまで蚊帳の外に置かれていた被害者にも、ようやく目が向けられるようになった少年事件。だが、その陰で、加害少年を「ウチの子にかぎって」とひとつ屋根の下で暮らす子供としてとらえるまなざしは徐々に失われていく。加害少年は、特異で極端な存在として、はじき出されていくのである。

変わる報道と「不磨の大典」

神戸の事件から3年後の2000年3月。目を赤くはらした男性が、判決後の記者会見にのぞんでいた。

「妻や娘の墓前に報告することはできない。司法に絶望した」

まだ青年のような若さが残る男性は、悔しさをにじませていた。

男性は、妻(23)と生後11カ月の娘を18歳の少年に殺されていた。99年4月、山口県光市で起きた光市母子殺人事件と呼ばれる事件の遺族だった。

光市は、人口5万人の地方都市。犯人の少年もすぐに逮捕されたこの事件に、各紙は発生当初、さほど注目しなかった。事件の発生は、朝刊の社会面のベタ〜見出し3段(朝日が3段、読売が2段、毎日がベタ)。少年が逮捕されたときも、朝刊の社会面2段と4段(朝日、読売が4段、毎日が2段)という地味な扱いにとどまった。

ところが、少年が逆送された後の山口地裁(渡辺了造裁判長)の判決を機に、各紙のスタンスが、がらりと変わる。

検察が少年に死刑を求刑した刑事裁判で、山口地裁が無期懲役の判決を言い渡したことに、遺族の男性が、激しい怒りを示したからだ。

「判決は加害者だけのものではない。少年への憎しみを乗り越えていくためには、死ぬほど努力をしなければならない」(朝日)

「最後まで司法に裏切られた」(読売)

「事件後は、この日のためだけに生きてきた。人々に関心を持ってもらえるよう問題提起のつもりで発言してきたが、結局、司法に裏切られた思い。自分の無力さを感じる」(毎日)

各紙は、夕刊の社会面で、男性の無念の思いを大きく報じた。

残虐な事件であった一方で、加害者の少年は、劣悪な家庭環境に置かれていた。父親に虐待され、実母が自殺するなど過酷な生活を送っていた。少年の成育環境は、それまでの報道であれば大きく報じられるパターンだった。だが、事件の背景を少年側から掘り下げた記事は、ほとんどなかった。

山口地裁の判決をめぐる各紙の報道は、新聞協会の方針に基づいた、これまでの加害少年の「親の立場」に立った視点とは、明らかに異なっていた。

もし、家族のだれかが少年に殺されたら――。

報道の視点は、被害者側へと逆転していたのである。


山口地裁の判決後も、各紙は光市の事件の裁判を詳報した。事件は控訴されたが、広島高裁（重吉孝一郎裁判長）の判決も、無期懲役で変わらなかった。

ところが、その判断が、最高裁で大きく翻る。２００６年6月、「無期懲役の量刑は甚だしく不当で、破棄しなければ著しく正義に反する」として、最高裁が高裁判決を差し戻したのだ。

「元少年の無期破棄　最高裁が差し戻し　死刑の公算大」（朝日）
「『死刑回避は不当』　最高裁無期判決を破棄」（読売）
「最高裁、差し戻し　無期は著しく不正義　元少年、死刑の公算大」（毎日）

――各紙は驚きをもって朝刊の一面で報じている。

さらに各紙は社会面や特集面で最高裁の判断を詳報。遺族の声を顔写真付きで報じた。

少年事件をめぐって、最高裁が無期懲役の量刑を不当としたケースは、過去にわずか1件しかない。永山則夫の事件のみである。

だが、二つの事件を比べてみると、永山は事件当時19歳。光市の少年は犯行の1カ月前に18歳になったばかりだった。被害者の人数も、永山は4人、光市の少年は2人。光市の少年は、年齢的にも、被害者の数でも、死刑か無期かの判断が分かれる瀬戸ぎわの事件だったのである。

「100人が100人とも『死刑だ』という事件ではなかったと思う」

1審の死刑求刑の際に山口地検の検事正だった高村七男弁護士は、後に朝日の取材で、そう振り返っている。また、最高裁で差し戻しを言い渡した浜田邦夫裁判長も、毎日の取材に「ぎりぎりの判断だった」と述べている。この事件は、司法のプロたちにとっても、死刑と無期のあいだで揺れる事件だった。

事件は差し戻された広島高裁(楢崎康英裁判長)で2008年に死刑が言い渡され、12年に最高裁(金築誠志裁判長)で確定した(ただ、2回目の最高裁判決では、通常ではありえないことが起きた。死刑判決は全員一致の意見にするのが最高裁の暗黙の合意とされてきたが、宮川光治裁判官は、「精神的成熟度が18歳を相当下回っている場合は、死刑回避の事情があるとみるのが相当」として死刑に反対する意見を述べた)。

神戸の事件や光市の事件以後、少年法と刑法の規定の矛盾や、家裁の態勢の不備、さらに置き去りにされる被害者の問題が、一気にあふれた。

こうした事情に加えて、世論に押される形で、少年事件をめぐり立法も動きを見せた。それまで「不磨の大典」だった少年法を、2000年に改正したのである。1949年の施行以来、初めての抜本的な改正だった。改正をめぐり、国会では与野党が激しく衝突、日本弁護士連合会も改正に反発したが、最終的には少年法を改正する方向で議論は落ち着く。

改正法は、

▽刑事罰の対象年齢を「16歳以上」から「14歳以上」に変更する
▽16歳以上の少年少女が殺人や傷害致死など故意の犯罪で被害者を死亡させた場合、原則逆送にする
▽少年審判にも複数の裁判官で審理する合議制を導入する
▽被害者に対し、審判記録の開示や、家裁判事などへの意見表明を認める

――などが柱となった。

この法改正で、それまで手つかずだった法律やその手続きの不備がようやく是正されたといえる。その一方で、少年事件は、これまでの保護主義から厳罰主義の方向に舵が切られたともいえた。

神戸の連続児童殺傷事件以後、少年事件をめぐり、国も、報道も、世間の目も変わった。

少年事件を取り巻く環境は、確実に変化したのである。

第7章

21世紀の精神鑑定 発達障害の時代

「環境」責任から「個人」責任へ

キレる17歳(豊川市主婦殺人 西鉄バスジャック事件 岡山バット殺人事件)

触法少年の事件(長崎男児誘拐殺人 佐世保小6同級生殺人事件)

奈良放火殺人事件

板橋管理人夫妻殺人事件

「人を殺してみたかった」キレる17歳の事件が続発

神戸の連続児童殺傷事件や、光市母子殺人事件によって、少年事件に対する世間の注目は、確実に高まった。むしろ、その関心は成人の事件を上回った。そうした時代の熱に呼応するように、00年代は新聞各紙の少年事件への向き合い方も、著しい変化を見せる。

神戸の事件から3年後の2000年5月、愛知県豊川市の住宅街で、主婦(65)が自宅で刺殺された。主婦は首など約40カ所を刃物で刺され、犯人は逃走していた。地方の事件でもあり、発生は朝日、毎日が朝刊の社会面4段。相応の扱いだった。破格だったのは、読売だ。

「高3? 主婦を刺殺」

と見出しを取って、一面で扱ったのだ。

逃走する「犯人」が、少年であることにニュースバリューを置いて、大々的に報じたのである。事件翌日、17歳の少年がJR名古屋駅前の交番に出頭した。少年は、私立の進学高校の3年生。被害者とは、トラブルどころか、面識さえなかった。にもかかわらず、女性宅に侵入し、包丁と金槌で襲っていた。

世間が驚いたのは、成績優秀な少年が、事件を起こした動機だった。

警察の調べに「人を殺す経験をしようと思ってやった」と供述したのだ。

「『殺人経験したかった』　高3男子逮捕」（朝日）
「『人殺す経験したかった』　逮捕の高3供述」（読売）
「人殺す経験したかった　容疑の高3逮捕」（毎日）

——今度は各紙とも、朝刊の一面で少年の逮捕を報じた。

各紙は社会面でも記事を派手に展開した。

「淡々と『殺しに行った』」（朝日）

「優等生の凶行に衝撃」（読売）
「『いい子』の心に闇」（毎日）

かつて少女を無残に殺した女子高生コンクリート殺人でも、犠牲者が4人を数えた大阪・愛知・岐阜連続リンチ殺人でも、各紙は少年の逮捕をこれほどセンセーショナルには報じなかった。加害者の「親の立場」で抑制的な報道に努めていた。しかし、この豊川の事件では、あえてあおるような見出しが付けられた。

2000年の春は、世間を動揺させる少年事件が続発した。

豊川で少年が逮捕された翌日、今度は九州でバスジャック事件が発生する。福岡県太宰府市を走行中の西鉄高速バスが、刃渡り約40センチの牛刀を持った17歳の少年に乗っ取られたのだ。バスは佐賀市を出発し、福岡・天神に向かうはずだった。西鉄バスジャック事件と呼ばれる事件である。

少年は乗客21人を人質に取り、九州自動車道から中国道、山陽道とバスを約250キロ東進させた。バスを追跡する福岡、山口両県警のパトカーに向かって、少年は携帯電話で次々と要求を重ねた。

「拳銃を1丁準備しろ。車線をしぼるな。女の子を人質に取っている」

「パトカーを1台にしろ。下りの通行車両をすべて止めろ」

バスは午後10時すぎ、広島県東広島市内のパーキングエリアに停車する。その時点で、少年に刺された女性(68)が死亡していた。人質の一部は解放されたが、バス内には6歳の少女も取り残されていた。

「バス乗っ取り　1人死亡　17歳、刃物持ちろう城」(朝日)
「17歳、高速バス乗っ取る」(読売)
「17歳少年高速バス乗っ取り　女性乗客刺され死亡」(毎日)

各紙とも朝刊の一面で事件を報じ、バスの写真を大きく掲載した。少年の様子も、モザイクをかけて載せていた。

社会面でも同様に、

「恐怖を乗せて300キロ」(朝日)
「GW暗転、走る密室」(読売)
「死のドライブ300キロ」(毎日)

と大見出しをつけて事件を報じた。

事件が動いたのは、発生から15時間後だった。午前5時すぎ、大阪、福岡府県警の特殊急襲部隊員(SAT)が出動して突入を決行。少年は現行犯逮捕された。

「一瞬のすき2分間劇　警官突入17歳逮捕」(朝日)
「警官突入、10人救出　17歳少年を逮捕」(読売)
「人質15時間半ぶり救出　乗っ取り17歳逮捕」(毎日)

各紙は朝刊一面で事件を報じた(GW中のため夕刊はなかった)。さらに社会面でも、

「笑い　激高　凍った密室」（朝日）
「一瞬のスキ　薄明の急襲」（読売）
「切りつけ笑う17歳」（毎日）

――とバスや救急車の写真を付けて詳報した。

少年は事件の直前まで、精神疾患系の医療施設に入院していた。通常で考えれば、この段階では、刑事責任能力の有無が問題になりうるケースだった。しかし、各紙は萎縮することなく大きく事件を報じた。

意外なことだが、豊川の殺人も、西鉄のバスジャックも、少年は17歳だった。彼らは、神戸の「少年A」とも同い年だった。その共通点に反応した朝日は「17歳の落差」のタイトルで、緊急連載をはじめる。

学業優秀だった豊川の少年が、幼児のときに両親が離婚し、祖母を「お母さん」と呼ぶ家庭環境にあったこと。バスジャックの少年が高校進学後にひきこもりになり、家庭内暴力を繰り返していたこと。記事は、関係者の証言を基にまとめられ、「家庭」と「教育」の枠組みで描かれていた。

しかし、「17歳」というキーワードは、朝日の連載とはまったく異なる意味合いで一人歩きをはじめる。この連続した17歳による事件の翌月には、岡山県長船町で、高校3年の少年が金属バットで母を撲殺する事件が起きる。この少年も、また17歳だった。少年は、所属する野球部でトラブルになり、部員をバットで殴打した後、パニック状態のまま母に手をかけていた。

豊川の少年は、進学校の優等生。

バスジャックの少年は、引きこもりのいじめられっ子。

岡山の少年は、部活動での嫌がらせにパニックになった野球部員。

年齢は同じでも、事件の経緯や動機、少年の性質、学校での環境などを丁寧に探れば、少年たちには、三者三様に個別の事情があった。

しかし、この少年たちは、「キレる17歳」という言葉で、ひとくくりにされていく。この「17歳」という言葉は、その年の新語・流行語大賞にノミネートされるほど、広く浸透した。少年が人を殺める理由がわからない。少年事件は「わからない」が、世間の「常識」になったのである。

地方の事件であっても、少年が逮捕されても、各紙は17歳の事件を大きく扱った。神戸の事件以後、もはや少年事件だからといって、報道は抑制されなかった。加害者の「親の立場」に立つという従来の新聞協会の方針とは異なる報道を、各紙は定着させていく。少年の事件は、成人の事件よりもむしろ大きく報道されるようになったのだ。

これらの事件の約40年前、同じ17歳でも、注目されたのは、山口二矢や風流夢譚事件の少年など、暴力によって社会を変えようとしたテロ事件だった。

しかし、00年代に注目された17歳は、政治になど関心がなく、金銭欲も、物欲も性欲も感じさせない内向きの少年たちだった。40年の歳月を経て、世間の注目は、まったく質の異なる少年事件に集まるようになったのである。

鑑定があぶりだす個の特質「発達障害」「反社会」型から「非社会」型へ

そして、少年事件をめぐる司法のスタンスも、00年以後に変化を見せる。神戸の事件と同様に、少年審判で精神鑑定を実施する流れが定着してきたのだ。

それは、少年審判に医学によるアプローチが導入されるようになったのと同時に、その審理期間が事実上、延長されることを意味した。鑑定の採用によって、豊川の事件、西鉄バスジャックの少年ともに約3カ月の鑑定留置期間が設けられた。

そして、少年事件の精神鑑定では、このころから一つの虎の巻が重用される。精神障害をカテゴリー別に分類した米国の精神医学会による「精神障害の診断と統計マニュアル（DSM）」だ。この手引きは、統一の基準で、体系的に障害を分類している。それまで個々の精神科医が異なる基準で診断していた精神鑑定が、同じモノサシで実施されるようになったのである。

少年審判では、鑑定にこのDSMが用いられ、豊川の少年も、西鉄バスジャックの少年も、医療少年院への送致が決まる。

西鉄バスジャック事件では、

「医療少年院に送致　日常の治療必要」（朝日）
「17歳、医療少年院へ　『5年以上』勧告」（読売）
「17歳を医療少年院送致」（毎日）

豊川の事件では、

「17歳、医療少年院送致」（朝日）
「17歳を医療少年院送致『精神発達に障害』」（読売）
「17歳少年を医療少年院送致」（毎日）

と、各紙は少年の処分をそれぞれ夕刊一面や社会面アタマで伝えている。

そして、神戸の事件と同様に、世間の関心に応える形で、どちらの家裁も決定（要旨）を公表する。非公開の審判とはいえ、もはやその中身をすべて闇に伏すわけにはいかなくなったのである。


この二つの事件をめぐり、決定が公表された意義は大きかった。というのも、それぞれの少年について、鑑定での診断や、少年審判での責任能力の判断が、分かれていたからだ。特に豊川の少年については、名古屋家裁豊橋支部が、これまでにない新しい切り口で、事件の背景を指摘していた。それぞれの決定を、順を追ってたどってみる。

まず、西鉄バスジャック事件の決定だ。

この事件で少年は、解離性障害という精神疾患があると診断された。佐賀家裁の永留克記《ながとめかつき》裁判官は、精神鑑定を考慮したうえで、刑事責任能力を認め、医療少年院への送致を決めた。永留裁判官は「少年は幼いころからの『弱く、惨めな自分』というものを意識することが、自尊感情を深く傷つけることを直感的に感じるようになった」としたうえで、「少年は高校入学後わずか9日間出席しただけで不登校となった。約1年後に退学してからは自宅に引きこもった状態であり、希薄になっていった自分の存在を確認しようと事件に及んだ」と指摘した。さらに「インターネットを通じて、反社会的な価値観が増幅されていた」と事件の背景にも触れた。

決定は鑑定結果を踏まえたうえで、事件の背景に少年の成育環境をひもづけた。従来の家裁の「少年」のとらえ方に沿った保護処分だった。

しかし、もう一方の豊川の事件の決定は、これまでの家裁の流れとは異なっていた。

少年は西鉄バスジャックの少年と同じく医療少年院への送致となったが、岩田嘉彦裁判官は、少年が心神耗弱の状態にあり、刑事責任能力が限定される、と判断したのだ。

ちなみにこの事件では、少年を家裁送致する前に、名古屋地検が医師の小田晋に精神鑑定を依頼していた。小田は、成人の刑事事件で鑑定経験が豊富な精神科医。彼の鑑定では、少年が「殺人のための殺人をした」として、完全な刑事責任能力があるとされていたのである。

少年がなぜ事件を起こしたのか。それは、殺人のための殺人だった――。少年が事件を起こした動機について、じつは家裁も小田の認識と大きな違いはなかった。

「少年は、かねて『人の死』に関心があり、これが発展して、次第に『人を殺すとはどういうことか』『人の死を見てみたい』との思いを、ばく然と抱くようになっていった。少年には、一度決めたことは貫徹しなければならないとする思考癖があった」

家裁の決定で、岩田裁判官も、そう指摘しているのである。

大きな違いは、家裁で鑑定をした児童精神科医が、これまでとは別の基軸で少年をとらえたことだ。

それは、発達障害という新しい基軸だった。

「他者も自分と同じ人間として認識し、その感情を理解したり、思いやったりするという共感性の能力が著しく欠如している」

「言葉を文字どおり受け取ってしまったり、仮定のことやこれからのことを理解することができず、抽象的概念の形成は不全である」

「少年には強い『こだわり傾向』が認められ、常同的、反復的な興味の追求傾向がある」

鑑定医が指摘したのは、少年に広汎性発達障害(その一種であるアスペルガー症候群)があることだった。

広汎性発達障害は、対人関係やコミュニケーション能力に障害があるといわれている。そして、その一類型とされるアスペルガー症候群は、知能や言語能力に問題のない自閉症の一種で、興味の対象にきわめて強いこだわりを持つとされている。

少年は幼児期に両親が離婚していたが、岩田裁判官は「祖父母と父親のもとで、特記するほどの負の影響を受けることもなく成長した」として、事件の背景に「親子」関係を見いださなかった。

そのうえで「少年は、疾患の特有症状である共感性の欠如、執ようなまでのこだわり、想像力の欠如などによって、理非善悪を弁別する能力が著しく減退していた」と述べ、刑事責任能力は限定的だと判断した。決定には、精神科医のＤＳＭ(当時はＤＳＭ-Ⅳ)に基づく鑑定の影響が、色濃く反映されていたのである。

ここで指摘しておきたいが、発達障害のある少年が事件を起こす、という単純な理屈は成り立たない。ポイントは、これまで社会環境や生育環境に少年事件の原因を探っていた家裁が、それを少年個人の性質に見いだしたことだ。

少年が「反社会」型というより「非社会」型であるという指摘には、「動機なき殺人」や「快楽殺人」などと、怪物《モンスター》のように肥大化した少年のイメージが一人歩きすることを防ぐ効果があった。精神鑑定の実施によって、少年の資質に欠落した部分があることが、浮き彫りになったのである。

その一方で、こうした精神鑑定に基づく決定は、事件から少年の成育歴や家庭環境を切り離し、その原因を個人の資質に求めすぎる傾向を強めるきらいがあった。聞きなれない障害のレッテルを貼られることによって、偏見が助長される危うさもあった。

過去記事を検索してみると、この審判まで、読売と毎日には、少年事件と発達障害を絡めた記事がない(いずれも東京本社版)。ただ、朝日は神戸の事件で、少年Aが発達障害と診断されたことに触れていた。「暗い森」と題した連載記事だったが、そのことで社団法人「精神発達障害指導教育協会」などから、障害が危険だという誤解を与えたり、偏見や差別を助長したりする危うさがある、と懸念を示されたことを、紙面で明らかにしている。

今でこそ発達障害への認識が深まり、新書「ケーキの切れない非行少年たち」(宮口幸治)のヒットなどで、少年の認知のゆがみの問題も冷静に指摘されているが、当時はまだ発達障害への理解が及ばなかったのである。

豊川の少年に発達障害があると公表されたことを受けて、日本児童青年精神医学会の門真一郎理事は、朝日の「論壇」にこんな寄稿をして、周囲の理解と支援を求めている。

「確認しておきたいことは、アスペルガー症候群の人の大部分が犯罪とは無縁だということである。それは健常者の大部分が犯罪とは無縁であるのと同様である。むしろ、アスペルガー症候群の子どもは、学校でいじめの標的にされやすく、加害者よりも被害者になることが圧倒的に多い」

さらに触法少年でも　小学生にまで広がる精神鑑定

少年事件で精神鑑定を実施し、少年個人の性向と事件を結びつける流れは、さらに拍車がかかる。

2003年7月、長崎市で4歳の男児の遺体が見つかる。8階建ての駐車場の屋上から、突き落とされて死亡していた。男児はその前夜、家族で4キロ離れた家電量販店に買い物に来た後、行方不明になっていた。犯人は逃走し、長崎県警は男児誘拐殺害事件として捜査に乗り出した。

「長崎で男児の遺体　殺人の疑い」(朝日)
「不明4歳男児？　他殺体」(読売)
「男児の全裸遺体　不明の4歳児か」(毎日)

——「地方」の事件ではあったが、幼児が誘拐されて殺されたニュースを、各紙は一面や社会面で報じた。

各紙が続報を打ち合いつづけた1週間後、「犯人」がわかると、世間は驚いた。中学1年、12歳の少年だったからだ。

決め手となったのは、防犯カメラだった。少年は男児を家電量販店から連れだすと、路面電車に乗って市中心部の商店街まで行き、さらに歩いて駐車場へと誘っていた。少年が男児を連れて歩く姿が、商店街の防犯カメラに映っていた。少年は性的な暴力をふるうために、男児を連れ出していたのである。

だが、厳密にいえば、少年は「犯人」にはなりえなかった。刑法は「14歳に満たない者の行為は、罰しない」と規定しているからだ。14歳未満の少年は、触法少年と呼ばれ、刑法に触れる行為をしても刑罰を科されない。むしろ触法少年は「保護される」対象なのだ。

つまり、長崎県警は少年を逮捕することができなかった。少年を「補導」したうえで、任意に事情を聴き、児童相談所に通告したのである。

「12歳、中1を聴取」(朝日)
「12歳中1男子聴取」(読売)
「12歳中1男子から聴取」(毎日)

——長崎県警が少年の聴取をはじめると、各紙はそろって夕刊一面で大きく報じた(少年はその日のうちに「補導」された)。

少年は一人っ子で、父母と3人暮らし。非行歴もなく、事件後も学校に普通に通学していた。成績は優秀。1学期の期末試験では、5教科で500点満点中465点を取っていた。中学校によると、少年は事件後も特に変わった様子を見せなかった。各紙はこうした少年の情報を紙面でつぶさに伝えた。

優等生に見えた「子供」が、なぜ事件を起こしたのか。それを理解するために、ここでも用いられたのが、精神鑑定だった。改めて、念押ししたい。

精神鑑定は一般的に、刑事責任能力の有無を判断するために実施する。そもそも刑事責任能力がない14歳未満の触法少年に精神鑑定をするのは、きわめて異例なことだった。加えて、少年院の入院対象も14歳以上とされていたから、少年は少年院に収容することもできなかった。たとえ少年が「犯人」でも、法務省管轄の刑務所や少年院には入れられない。厚労省管轄の福祉施設である児童自立支援施設に入所させるほかなかったのである（07年に少年院の対象年齢はおおむね12歳と改正）。

にもかかわらず、長崎家裁は、少年審判で精神鑑定を採用した。そして、約2カ月の鑑定を経た後、家裁は少年の児童自立支援施設への送致を決めた。

公表された決定（要旨）には、やはり精神鑑定の影響が色濃くでていた。

「少年は幼児の性器に暴行を加えようと考えて、事前にハサミを購入し、被害者を言葉たくみに誘拐した。被害者に暴行を加えたうえ、駐車場の防犯カメラに気づくや、躊躇なく被害者を立体駐車場の屋上から突き落として殺害した」（当時の報道では駐車場の防犯カメラには実際には

映像が映っていなかったとされる)

伊東浩子裁判長は、決定でそう指摘した。そのうえで少年の資質について、こう触れた。

「補導後も、少年鑑別所の職員による注意に対して号泣し『こんなとこ逃げ出してやる』などと言って扉をたたいたり、本を机に打ちつけたりしている。事件でも、防犯カメラに気づいて動転し、その場から逃げ出すことのみを考え、被害者を屋上から突き落としてすばやく非行現場から逃走している。外的刺激を処理する能力がかなり限定されており、低刺激で対処不能、無規制状態になり、衝動的で周囲の予想できない反応を示す傾向が見られる」

それにつづけて、伊東裁判長は、少年に次のような特徴があると指摘したのである。

「被害者及びその遺族の心情を思いやることができないなど、対人的共感性の乏しさが顕著である」

「他人との間に相互的情緒的交流をもつことができず、対人的コミュニケーション能力に問題がある」

事件の直接的な原因ではないものの、その背景には広汎性発達障害(アスペルガー症候群)の影響がある、としたのである。

低年齢化した少年事件の衝撃は、長崎県で翌年も続く。

2004年6月、長崎県佐世保市で小学6年の少女が、同級生の女の子を学校の教室で殺害した。加害少女は、11歳。この少女も、刑罰の対象にならない触法少年だった。

そして人を殺めたのが「女の子」であったことに、社会は衝撃を受けたのである。

少女は給食の時間に被害者を空き教室に呼び出し、持参したカッターナイフで首を切りつけて殺していた。その後、逃げることもなく自分の教室に戻り、担任の教師が遺体を発見、長崎県警が少女を補導し、その日のうちに児童相談所に通告した。

「小6、同級生に切られ死亡」(朝日)
「小6女児、同級生切り死なす」(読売)
「小6女児切られ死亡」(毎日)

——と各紙は朝刊一面で事件を報じ、社会面でも、

「『仲良し』2人、なぜ」(朝日)

「給食準備の20分間に」「児童たち心の傷は」(読売)
「バスケ仲間なぜ暗転」(毎日)

――と事件を大きく報じた。補導後も、各紙の続報が相次いだ。

この少女もまた、非行歴はなかった。学校では「普通の子」とみられていたのである。(被害者の父親は、毎日新聞佐世保支局の支局長。筆者の上司だった。詳しくは拙著「謝るなら、いつでもおいで」、「僕とぼく」を参照されたい)

なぜ「普通の子」とみられた少女が、友達を殺害したのか。

少女の心のうちを読み解くために、長崎家裁佐世保支部が用いたのも、やはり精神鑑定だった。

決定(要旨)で小松平内裁判長は、少女の特性について「生来的に対人的なことに注意が向きづらい▽物事を断片的にとらえる▽抽象的なものを言語化することが不器用▽聴覚的な情報よりも視覚的な情報の方が処理しやすい――といった認知や情報処理の特性がある」と指摘した。

そのうえで「自己の悲しみの経験や共感性を基盤にした『死のイメージ』が希薄で、女児にとって死とは『いなくなる』という現象以上に情動を伴うものになり得ていない」と述べた。

小松裁判長は「傾倒していたホラー小説等の影響により、攻撃的な自我を肥大化させた」と背景を述べ、少女のあいだのささいなトラブルをめぐって「計画的に殺害行為に及んだ」と指摘した。

決定は、加害少女に発達障害があるとはしなかった。しかし、少女を見る切り口は、DSMを用いた発達障害的な観点だった。

触法少年である少女は、長崎の少年と同じく、児童自立支援施設に収容された。

長崎の事件も、佐世保の事件も、各紙は決定を朝刊の一面で大きく報じている。

ところで、長崎、佐世保ともに衝撃的な事件だったが、いずれも刑罰を科されない触法少年だった。つまり、子供の事件だった。

過去の紙面を開いてみると、こうしたティーンエイジにも満たない子供の事件は、過去にも発生している。

たとえば少年事件の報道が少なかった70年代を見てみると、1977年には、福島県須賀川市で小学6年の12歳の少年が、いたずらをしようと幼い女の子(8)を絞殺した。1975年には、青森県八戸市で小5の11歳の少年が、会社員の女性(29)を包丁で刺殺した。だが、当時の紙面をめくってみると、長崎、佐世保の事件ほど大きく扱われていない。もちろん精神鑑定もしていない。

少し細かくみると、福島の事件では各紙とも少年の補導を社会面で報じ、少年が複雑な家庭環境にあったことを伝えている。だがその後の続報は見当たらない。青森の事件も、各紙は事件の発生と少年の保護を社会面で伝え、以後はベタ記事の続報が出ているぐらいだ。

70年代の事件は、記事の扱いも小さく、その後の家裁の処分についても触れていない。親子と教育を基軸に子供たちの事件に関心が集まった80年代でも、こうした子供の事件で、ことさらに個人の特質に注目した事件はなかった。

00年以後の司法は、事件の原因として個人の特質に重点を置く傾向を強め、報道もそこに焦点を絞って過熱した。

時代によって、触法少年の事件も、その見方が変化したのである。

精神鑑定は万能か　鑑定を用いず厳罰の事件も

長崎、佐世保、と相次いだ事件の後も、少年事件を大きく報じる傾向はつづく。

2006年6月には、奈良県田原本町で、高校1年の16歳の少年が自宅に放火し、寝ていた母（38）と弟（7）と妹（5）を殺害する（その日は奇しくも、光市母子殺人の少年の無期判決を最高裁が破棄した日と重なった）。

少年は逃走したが、3日後に京都市で見つかり、奈良県警が緊急逮捕した。

「母子死亡高1長男を逮捕　放火と殺人の疑い」（朝日）
「高1長男を逮捕　『父に成績しかられ』」（読売）
「16歳長男を逮捕　殺人・放火容疑、『殺そうと思った』」（毎日）

――やはり各紙とも一面で逮捕を報じた。

事件当時、父は仕事で不在だった。少年の父は、約10年前に再婚。少年だけ前妻の子だった。ただ、少年と継母、異母弟妹とのあいだには目立ったトラブルはなく、むしろ父とのあいだに軋轢があったとされている。少年は警察の調べに「父に日ごろ、『医者になれ』と言われ重荷に感じていた」と供述していた。

少年の成績は優秀だった。中学からは関西でも有数の中高一貫進学校に進学。厳しい受験競争にさらされていた。医師の父は、少年にも医者になることを望み、教育熱心だった。父親の指導は苛烈で、ときに拳骨で殴ったり、蹴ったりと、激しい暴力を伴うことがあったという。

事件当日は保護者会があり、中間テストの成績が親に渡される予定だった。少年は英語の成績が良くなかったのに、上がっているとウソをついていた。それがバレると危機感を抱き、殺害に及んだとされる。

この事件でも、奈良家裁は精神鑑定を実施した。そして、少年は広汎性発達障害と診断されている。この当時、すでに少年法が改正され、故意に人を死なせた16歳以上の少年は、逆送して刑事罰の対象とするのが原則とされていた。

しかし家裁は、少年の処分をその方向へと導かなかった。

石田裕一裁判長は「殺意は未必的にすぎない。父の暴力から逃れるため、放火して家出する際に、継母らが死亡することもやむを得ないと考えたにとどまっている。積極的に殺害する意図は全くなかった」としたうえで「父から強度の暴力をふるいつづけられた生育環境が、非行に走らせた要因となっている。長男だけにすべての責任を負わせることは適当ではない」と述べている。

石田裁判長は、少年に発達障害があったことを認めたうえで、「中等少年院での個別処遇により発達障害への対応は十分可能で、医療少年院よりも相当」として、中等少年院送致とする保護処分を決めた。各紙は夕刊の一面や社会面で処分を報じている。

だが、新聞の報道は、はっきりと変わってきていた。

この事件の少年は、大学の医学部入学を目指し、親の厳しいプレッシャーにさらされていた。その意味では、1980年に「青少年」による事件ととらえられた川崎金属バット殺人事件と、構図が似ているのである。20歳の浪人生だった川崎市の事件と比べれば、奈良の少年は、まだ高校1年の16歳だった。

しかし、四半世紀前の事件と比較すると、川崎の事件のように受験戦争や社会のひずみを問題として掘り下げた企画記事は、どこにも見当たらない。「ウチの子にかぎって」という加害者の「親の立場」に立った視点は、もはや失われていた。ましてや「青少年の非行問題は今や財政再建より重要だ」(80年・中川一郎科学技術庁長官)と語る政治家など、どこにもいなかった。

少年事件の捉え方は、80年代とは確実に変化していたのである。

1997年の神戸の事件以後、00年代には多用されることになった精神鑑定。こうしてみてくると、そこで描かれる「少年」像は、これまでの親子関係や教育など、少年を取り巻く生育環境から描く切り口とは異なっている。

鑑定が見いだしたのは、問題を抱えた「個」としての「少年」の姿だ。奈良の事件では、事件の原因を少年の発達障害に帰さなかったが、精神鑑定の偏重は、ひとたび間違えると、少年を社会の「異物」として排除する危険があった。

今でこそ鑑定はDSMによる診断が主流だが、過去には、統合失調症やホルモンの増加による脳の「男性化」が事件に影響した、などと精神科医が鑑定していた時代もあった（最近では、親の虐待が少年の脳にダメージを与え、少年事件を誘発するとの見方もある）。

つまるところ、精神分析や診断名には時代の流行《トレンド》がある。それは精神分析が100%にわたって科学的ではないことを意味するともいえるのである。

ただ、その一方で、鑑定を用いないことで、少年に厳しい刑罰が科されるケースもあった。

2005年6月、東京・板橋で、高校1年の15歳の少年が、父親(44)と母親(42)を殺害した。少年は就寝中の父親を鉄アレイで殴ったうえに洋包丁で刺し、逃げようとした母親も刺殺していた。少年は部屋の電気コンロに殺虫剤のスプレー缶を置き、ガスの元栓を半開きにして爆発を起こさせる工作もしていた。

少年の父は、建設会社の社員寮の管理人だった。少年は中学時代から、寮の仕事を手伝わされ、口答えをすると父にゲーム機を壊されたり、「お前はバカだ」などと罵倒されたりしていた。過酷な生活環境に置かれており、父から虐待を受けていた疑いが強かった。自殺の手法をまとめた書籍「完全自殺マニュアル」を読めと父に勧められたことまであったという。

事件は、親の虐待から「窮鼠猫をかむ」的に少年が犯行に至ったとも考えられた。その意味では、少年法が想定する典型的な少年事件の要素があった。

しかし、家裁は精神鑑定の実施を見送り、刑事裁判への逆送を決めた。この少年には少年法による保護処分が適さない、という判断だった。

「16歳長男を検察逆送」(朝日)
「少年を地検へ逆送」(読売)
「長男を逆送処分」(毎日)

——各紙は夕刊一面で伝えている(逆送時は16歳)。

先に触れたように、少年法は故意に人を死なせた16歳以上の少年を原則逆送するよう改正されていたが、この少年は事件当時15歳で、その年齢にも達していなかった。

家裁の山嵜和信裁判長は「凶悪かつ重大な事件である。少年が犯行時15歳と若年であることや、これまで非行歴はないことに加えて、親族が将来の少年の受け入れ意思を表明していることなど斟酌すべき一切の事情を考慮しても、保護処分の限界を超えている」と逆送の理由を述べている。

その4カ月後、東京地裁の栃木力裁判長は、少年に懲役14年を言い渡した。「強固な殺意に基づく計画的で悪質な犯行で、少年の内省は深まっていない。責任を自覚させるため、行為の重大性に即した刑罰が必要だ」と指摘したうえで、「成人なら無期懲役」と述べている。

「15歳の犯行　懲役14年　16歳未満で最長」（朝日）
「16歳未満の殺人に実刑　少年法改正後初　懲役14年判決」（読売）
「少年に懲役14年　『虐待』主張退け」（毎日）

——各紙は朝刊の一面で処分を報じている（少年は、東京高裁の判決で懲役12年に減刑され、刑事罰が確定した）。

第8章

少年事件の退潮

市民が少年を裁く時代に

裁判員裁判（石巻3人殺傷事件
吉祥寺女性刺殺事件
名古屋女子大生殺人事件）

佐世保高1同級生殺人事件

川崎中1生徒殺人事件

市民が少年を裁く　裁判員裁判のスタート

そして、少年事件は２０００年代後半に、新たな局面に入る。

司法制度改革によって、２００９年から裁判員裁判がスタート。刑事裁判へと逆送されて裁判員裁判の対象になれば、少年は公開の裁判で、市民によって裁かれることになったのだ。

改めてのおさらいとなるが、少年審判は、更生に支障があるという理由から非公開だ。審判では、「父親」代わりの裁判官が、少年の更生を最優先にした処分を決める。

ところが、ひとたび逆送されて裁判員裁判の被告となった少年は、立場が急転する。少年は何のついたてもない公開の法廷に立ち、「父親」でも何でもない一般市民によって裁かれることになるのである。国親思想にもとづく少年司法のありかたを考えれば、がらりと状況は変わったのである。

そして、新しい制度の導入は、少年事件にとって大きなハードルがあった。

裁判員裁判で市民が担う役割は二つある。事実認定と、量刑判断だ。この二つのうち、裁判とかかわりのなかった普通の市民にとって難しいのは、量刑判断とされている。刑事裁判に縁遠い素人には、量刑を判断する過去の経験値がなく、量刑の妥当性を決める相場観がないからだ。

そこにきて、少年事件となると、さらに裁判員に難問が課される。

少年の更生可能性をどうみるか、という問題だ。一般市民にとって、刑法や刑事訴訟法のしくみを理解するのも骨が折れるのに、少年事件では、健全育成や国親思想を柱とする少年法の精神まで読み取ることを求められるのだ。

たとえば、少年事件の場合は、刑事裁判へと逆送されても、再び家裁に戻し、保護処分にする手続き(少年法55条)がある。もし少年には保護処分が望ましいと判断するのであれば、少なくとも裁判員は少年院と刑務所の違いについて理解していなければならない。たとえ刑事罰が相当と判断しても、やはり成人とは異なるモノサシでの量刑が求められる。

裁判のプロではない市民に、少年法の理念や、ややこしい手続きを短期間で理解しろ、というのは、やはり酷なものがある。

それに加えて、市民にとって、こうした少年法の精神そのものに納得しがたい面があることが、調査で浮き彫りになった。

制度導入に先立つ2006年に、最高裁がまとめた国民意識調査がある。その調査では、裁判員として、少年による殺人事件にかかわった場合、4人に1人が「成人より量刑を重くする」と回答したのである（「軽くする」は4人に1人。残り半数は「どちらでもない」。同じ調査をプロの刑事裁判官にしたところ、「重くする」はゼロ。9割が「軽くする」と回答した）。

少なくとも、裁判員になる前の国民の25％は、少年法の精神とは異なる思いで量刑判断をしよう、と考えていたわけだ。裁判員制度の導入は、少年の処分をめぐる判断が、これまでと変わる可能性をはらんでいたのである。

市民が決めた少年の死刑　プロ裁判官時代にないスピード判決

裁判員が重大な量刑判断を迫られる事件は、導入直後に起きた。

2010年2月、宮城県石巻市で解体工の18歳の少年が、元交際相手の少女の自宅に押し入り、少女の姉（20）と友人（18）を牛刀で刺殺したのだ。

「DV警察に12回相談　宮城殺傷　2少年逮捕」（朝日）
「逃走の少年逮捕」（読売）

「元交際相手の少年、監禁容疑などで逮捕」(毎日)

——読売は朝刊の一面、朝日と毎日は社会面のアタマで少年の逮捕を伝えている。

仙台家裁(鈴木桂子裁判長)は、逮捕された少年の逆送を決定。少年は殺人罪などで起訴され、仙台地裁の裁判員裁判で裁かれることになった。

これまでみてきたように、プロの裁判官のみで審理していた旧来の刑事裁判では、少年に厳しい刑事罰を科した事件で、判決まで時間を要したケースが多々ある。たとえば、市川市一家4人殺人では1年7カ月、大阪・愛知・岐阜連続リンチ殺人では6年を要した。

だが、裁判員裁判では、裁判員がかかわる前に争点が整理され(公判前整理手続きという)、審理期間が大幅に短縮される。石巻の事件では、初公判の4日後には、検察の論告・求刑があった。そこで検察は少年に死刑を求刑したのである。

少年に死刑が求刑されたのは、裁判員裁判では初めてのことだった。にもかかわらず、裁判員は、その6日後には判決を言い渡さなければならなかった。初公判から判決まで、たった10日間しかなかったのである。

これまでも触れたが、少年法は18歳未満の死刑を禁じている。この少年は、18歳だった。事件で殺害されたのは2人。過去の類似事件では、死刑か無期懲役かは、ケースバイケースだった。

それでも裁判員は、驚くべき短期間に、死刑の是非という究極の判断を迫られた。しかも、更生可能性という少年の未来の予想まで考慮に入れて、である。

もちろん、審理にはプロの職業裁判官3人も加わって、裁判員とともに評議をする。ただ、裁判員の一人は、後の記者会見で「どんな結論を出しても、被告と被害者どちらかは納得いかない。正直なところ怖くて一生悩み続けると思った」と胸中を明かしている。

2010年11月、裁判員裁判が選択したのは、死刑だった。

「裁判員初　少年に死刑　年齢で極刑回避、否定」(朝日)
「裁判員　少年に死刑判決　『更生可能性低い』」(読売)
「裁判員　少年に初の死刑」(毎日)

——各紙は朝刊の一面で大きく伝えている。

鈴木信行裁判長は、事前に凶器の牛刀を準備するなどの計画性があり、犯行も執拗で残忍だとした上で、少年の更生可能性について、こう指摘した。

「躊躇せず残虐な殺傷行為に及んだ▽保身のため共犯者に凶器を準備させた揚げ句、身代わりになるよう命じた▽犯行後、元交際相手に姉らが死亡した内容のニュースを見せ『何で泣いてんの』と言った――などの言動からすれば、少年には他人の痛みや苦しみへの共感が全く欠けている。その異常性やゆがんだ人間性は顕著だ。反省にも深みがなく、少年の更生可能性は著しく低いと評価せざるを得ない」

つづけて死刑選択の理由を、こう述べた。

「当時18歳7カ月だったことは相応の考慮を払うべき事情だが、犯行態様の残虐さや結果の重大性にかんがみると、死刑を回避すべき決定的な事情とまではいえず、ことさら重視できない。不安定な家庭環境や母から暴力を受けるなどしたという生い立ちも、量刑上考慮するのは相当でない」

「罪の重さ『大人と同じ』」（朝日）
「『一生重い思い持つ』　少年に死刑判決」（読売）

「悩みぬいた裁判員　極刑『つらかった』」（毎日）

——各紙は社会面で裁判員の悩みを伝えた。

各紙はそのほかにも裁判員の一問一答のやりとりや解説記事を盛り込んで、裁判員裁判で初めての少年死刑を手厚く報じた。

死刑判断は２０１４年１月の仙台高裁の判決でも維持され、２０１６年６月に最高裁で確定した。

少年事件報道の退潮　大人同等に扱われる少年

しかし、その後、少年事件の報道は、ゆるやかに下り坂になる。各紙の少年事件への熱量が下がっていくのである。

それは、単に記事の扱いが小さくなる、ということにとどまらなかった。多面的な切り口の報道が消える、という形で現れた。たとえば、被害者の声が紙面にしっかり盛り込まれる一方で、加害者の少年を掘り下げる記事は、極端に減っていった。親子や、教育の問題など、少年を取り巻く環境を基軸として掘り下げた記事も、見当たらなくなった。

とりわけ少年の処分が決まる際の報道は、ドライなものへと転じた。少年事件でも、成人事件とさほど変わらずに報じるスタイルが定着していくのだ。

２０１３年2月、東京・吉祥寺で、17歳のルーマニア国籍の少年と18歳の少年が帰宅途中のアルバイト女性(22)を刃物で刺殺する。

各紙は少年の逮捕を朝刊社会面で報じたが、その後の報道は沈静化した。事件を捜査したのは警視庁。1人の少年は外国籍でもあり、取り巻く環境を掘り下げる余地があった。だが、少年たちが逆送され、刑事裁判が進んでも、記事は淡泊だった。

約1年後の東京地裁立川支部(倉沢千巌《ちいわ》裁判長)の判決は、2人とも無期懲役。強盗殺人とはいえ、被害者が1人の少年事件としては、厳しい判決といえたが、各紙の報道は社会面ベタ〜3段と、これまでの少年事件よりも、ずっと小さかった。関連の別稿記事もなく、成人の裁判と変わらない扱いだった。

報道に多面的な視点が必要と思われる少年事件は、その後も起きる。

２０１４年7月、長崎県佐世保市で高校1年の少女が、一人暮らしをしていたマンションで、同級生の少女を絞殺する。15歳の少女は同級生を殺した後、ハンマーやのこぎりで遺体を切断していた。加害少女は、過去に小動物の解剖を繰り返していた。

「高1、同級生殺害の疑い　自宅に切断遺体」（朝日）
「高1女子同級生殺害　頭殴り首絞める」（読売）
「高1女子、同級生を殺害　容疑で逮捕　遺体一部切断」（毎日）

――各紙は朝刊一面で少女の逮捕を伝えた。

少女は小中学校時代から突出した成績を残し、高校も地元の進学校に進んだ。しかし、不登校気味で、1学期は3日しか出席していなかった。事件の9カ月前には、母をがんで亡くしていた。父親は再婚したが、少女は実家を離れて、近くのマンションで一人暮らしをしていた。事件の4カ月前には、父を金属バットで殴ってけがを負わせていた。

各紙は少女の複雑な家庭事情や、殺害の手口、少女が「人を殺してみたかった」と供述したことなど、続報を打ちつづけた。

少女の逮捕後、検察と家裁が、それぞれ精神鑑定を採用する。長崎地検が勾留中に約5カ月、家裁送致後には長崎家裁が約4カ月、鑑定を実施したのである。

2度にわたる鑑定の末、長崎家裁(平井健一郎裁判長)は、少女を逆送しないことを決める。この事件の9年前、東京・板橋で両親を殺害した15歳の少年(第7章)は、被害者が身内にもかかわらず、逆送されて刑事裁判で裁かれた。だが、同級生を殺めた佐世保の少女は、刑事罰を科されず、非公開の家裁で処分が決められることになったのだ。

事件発生から約1年後、長崎家裁は、少年審判で少女の医療少年院への送致を決めた。保護処分ではあるものの、決定(要旨)をみると、平井裁判長は異例ともいえる言及をしている。

「少女は小5の時に見た猫の死骸に惹かれ、猫を殺すようになった。中学では猫を解体し、人を殺したいと思うようになった」

「図書館で過去の少年事件・審判を調べ、未成年者は死刑が少なく、16歳を超えると刑事罰の可能性が高くなると知り、16歳になる前に殺人や解体の実行を決意した」

平井裁判長は、事件の背景を分析したうえで、少女に重度の自閉症スペクトラム障害(ASD)があったと指摘した。

そして、障害と殺害行為が直結するわけではない、としつつも「実母の死を経験して殺人空想が増大、殺人欲求が現実感を帯びた」と認定したのである。

さらに平井裁判長は、こう述べている。

「無防備の友人に想像を絶する苦しみを与えて生命を奪い、人の尊厳を踏みにじった快楽殺人で、残虐さと非人間性には、戦慄を禁じ得ない。16歳になると処分や刑罰が重くなると理解して綿密に準備し、高い計画性や殺意の強固さも際立つ」

ちまたで「快楽殺人」という言葉が使われることがあっても、この言葉を裁判官が用いるのは、あまり例をみない。各紙の過去記事を検索しても、成人の事件でさえ、裁判官が「快楽殺人」などというショッキングな言葉を使った判決は、1件しか見当たらない（補記で後述）。そのような予想外の言葉が、家裁の決定で用いられたのである。

では、家裁はなぜ刑事罰を科すために逆送するのではなく、保護処分が望ましいと判断したのか（あるいは刑務所への収監ではなく、医療少年院が望ましいと判断したのか）。

平井裁判長は、その理由について、こう述べている。

「個別性の高い矯正教育と医療支援が長期間必要だ。刑務所はプログラムが十分ではなく、自由に空想にふけられる環境では、かえって症状が悪化する可能性がある。再犯防止や社会防衛の観点からも、医療少年院での処遇が望ましい。見込みは厳しいが、可能な限り長期間の治療教育をすれば、矯正効果は十分に期待できる。医療少年院を出た後も生涯にわたり対応を継続する必要がある」

少年審判での処分は、少年の健全育成に主眼が置かれているはずだが、この決定はあまりに光が見えないともいえる。だが、この司法判断に深く切り込んだ記事はなかった。

「少女を医療少年院送致」(朝日)
「少女医療少年院送致　『治療教育望ましい』」(読売)
「少女医療少年院送致　矯正可能性残る」(毎日)

——朝日、読売はこの処分を社会面で掲載。いずれも決定の内容に基づいて、淡々と報じたのみだった。毎日も決定を一面で報じ、遺族の思いなどを社会面で報じたが、その後の連載などはなかった。

さらに2014年12月、愛知県名古屋市で名古屋大の19歳の女子学生が、一人暮らしのアパートで知人の女性(77)を斧で殴ったうえ、マフラーで首を絞めて殺害する事件が起きる。殺人容疑で逮捕された女子学生は、愛知県警の調べに「幼い頃から人を殺してみたかった」

などと供述した。

「女子学生が77歳殺害容疑　『殺してみたかった』」（朝日）
「女子学生77歳殺害容疑　『人殺してみたかった』」（読売）
「19歳女子名大生逮捕　77歳知人殺害容疑」（毎日）

各紙は朝刊社会面で女子学生の逮捕を報じた。

捜査を進めていくと、女子学生には、別の余罪が浮上した。高校時代に「中毒症状をみてみたい」と、友人らに硫酸タリウムを混ぜた飲み物を飲ませ、視力低下などの障害を負わせていたのである。

この学生も成績は優秀で、非行歴がなかった。名古屋地検は3カ月、名古屋家裁も2カ月の精神鑑定を実施し、そのうえで家裁（岩井隆義裁判長）は裁判員裁判への逆送を決めた。

裁判員裁判では、検察が論告で無期懲役を求刑。一方の弁護側は女子学生が心神喪失状態だったとして、無罪を主張した。17年3月、双方の主張が真っ向から対立した末の判決は、無期懲役だった。

山田耕司裁判長は精神鑑定の結果を踏まえて「動機の形成に発達障害が一定程度影響している上、双極性障害の軽いそう状態が弾みをつけた。ただ各事件時に適切に状況判断し、おおむね合理的な行動を取っている」と完全責任能力があると判断した。
一方で、女子学生の更生可能性については「犯行時の年齢を考慮しても、有期懲役刑の上限の懲役30年では軽すぎるといわざるをえない」と述べた。

「元少女に無期懲役判決」（朝日）
「元名大生無期判決」（読売）
「元名大生に無期」（毎日）

——各紙とも、朝刊の社会面で判決を比較的、淡々と伝えた。判決以外の記事を載せたのは朝日のみ（法廷での少女の様子や裁判員の感想などの別稿）。加害者が未成年であることに基軸を置いた紙面は、どこにもなかった。少年事件ではあるものの、成人事件の判決と大差ない紙面展開だったのである。後に18、19歳の少年が、これまでの「少年」と異なる「特定少年」と位置づけられたことを考えると、これは象徴的な事件だったといえるのかもしれない。

無期懲役判決は19年10月、最高裁で確定した。

消えゆく少年法の精神

少年事件のニュースの扱いが、成人事件と変わらない方向へと変わりつつあった時期に、例外的に突出して大きく扱われた事件がある。

2015年2月、川崎市で中1の男子生徒が殺された事件だ。

多摩川の河川敷で、首に切り傷や刺し傷がある少年(13)の遺体が発見されたのが、事件の初報だった。発覚から7日後に殺人容疑で逮捕されたのは、17、18歳の地元の不良3人。年下の少年を何十回もカッターで切りつける手口が残酷だった一方で、少年たちが群がって暴力をふるうパターンは、昔ながらの少年事件の典型でもあった。

不良グループによる事件だとわかれば、かつてであれば加害少年の生い立ちにスポットを当てた切り口で報じるのが各紙のパターンだった。あるいは逆送されて裁判になっても重い判決が出ない個別のケースとみて、粛々と報じる事件であったかもしれない(後の裁判で、少年たちは最長で懲役13年の不定期刑だった)。

ところが、この事件は従来とは異なる展開で、徐々に報道が大きくなった。事件の発覚後、ちまたでＳＮＳによる犯人捜しが過熱したのだ。犯人が逮捕される前から、ＬＩＮＥやツイッター上で、「犯人」とされる少年の情報が書きこまれたのである。

１９７０年代以後、新聞各紙は、新聞協会の方針に沿って加害者の「親の立場」に立って、少年の実名や写真の掲載を控えてきた。しかし、この事件ではネット上で犯人が少年であることが話題になり、名前や顔写真、住所をさらす投稿者が後を絶たなかった。

これまでニュースの発信元は、新聞、テレビ、あるいは週刊誌などいわゆるマスメディアに限られていた。ところが、２０１０年代以降になると、スマートフォンが普及し、ツイッターやＬＩＮＥの利用者が急増する。だれもが簡単に情報発信ができるようになったことで、少年法の縛りが利かなくなり、加害少年の実名や顔写真が流布したのである（そのなかには誤った情報も多くあった）。

こうしたうねりを後追いするように、少年がいつ逮捕されるか、各紙の報道も熱を帯び、記事の扱いが大きくなる、という思わぬ逆転現象が生まれる。

主犯格の少年がいつ逮捕されるか、カウントダウンされるような気運がネット上で高まり、少年が逮捕されると、各紙とも一面で報じた。

だが、報道が過熱した一方で、この事件が、かつてのように親子や教育の基軸で詳報されることはなかった。主犯格の18歳の少年は複雑な家庭環境にあったが、そこに焦点をあてた記事もなかった。

2000年代の少年事件は、「犯人」が少年であるからこそ、成人よりもニュースが大きくなる傾向にあった。しかし、10年代以後の少年事件は、それ以前の報道に比べると、総じて記事の扱いは小さくなっている。特に加害者の少年とその環境を掘り下げるような傾向は、著しく減退した。

もはや少年事件は、永山則夫の事件のように社会の貧困という視点から掘り下げることもなければ、名もなき子供たちの事件として「親の立場」に立った視点から見守られることもないのかもしれない。

加害者が少年であろうと、成人であろうと、起こした結果がすべて。その責任は個人が負わなければならない——。

令和の時代を迎えて、社会は少年を見放しつつあるのかもしれない。

補　記

少年事件と実名問題

最終章でまとめに入る前に、これまでみてきた通史では、脇によけてしまった二つのテーマについて、触れておきたい。

一つは、少年の「実名」化だ。

少年法は、事件を起こした少年の実名報道(推知報道)を禁じている。だが、これまで触れたように、報道機関は法律とは異なる基準で、実名、匿名を使い分けている。

1958年に日本新聞協会が「少年たちの〝親〟の立場」に立って匿名を原則とする方針を示し、少年が逃走中だったり、指名手配に協力したりする場合には、例外的に実名報道するとしたことは、すでに触れた。

だが、2000年以後、新聞各紙は実名・匿名問題に新たなスタンスを見せるようになる。協会の基準に当てはまらない場合でも、少年を実名に切り替えているケースがあるのだ。

2006年、山口県周南市で、19歳の少年が女性(20)を殺害する事件があった。少年は逃走した後に自殺。少年の遺体発見を伝える記事で、読売は実名と顔写真を載せた。少年が死亡し、更生の可能性がなくなったため、事件の凶悪さや年齢を考慮して実名に踏み切った、というのが理由だった。

さらに2010年代に入ると、各紙が実名を載せる新しいケースが出てくる。

少年の死刑の問題だ。

2011年、大阪・愛知・岐阜連続リンチ殺人事件の主犯格の少年（3人）の死刑が確定すると、朝日、読売が少年を実名で報じた。

少年に社会復帰の見込みがなくなり、更生の機会は失われた。それに加えて、国によって命を奪われる刑罰を下された存在を名無しにはできない、という理由からだった。さらに、17年に市川市一家4人殺人の少年の死刑が執行されると、毎日も実名に切り替えている。

実名報道にした理由は、いずれも法律に基づいたものではない（というより、そもそも少年法は未成年の実名報道を認めていない）。だが、少年の更生の機会が消滅したときに、法律と「国民の知る権利」とのバランスを図ろうと、各紙は考えはじめている。

ところが今、報道が少年事件との向き合い方を模索する一方で、予想もしない方面から、新たな難題が浮上している。第8章でも触れたように、個人が発信できるSNSの問題だ。

これまで実名報道の問題は、新聞やテレビ、週刊誌などマスメディアの問題としてとらえられてきた。少年の実名が報じられた場合、国(法務省)はマスメディアに抗議や注意をして、情報の蛇口を締めることができた。

だが、SNSの場合は、不特定多数の個人が相手になる。2000年代初期のころは、少年の実名が流出するのは「2ちゃんねる」などの掲示板サイトが主流だったため、法務省も管理者に抗議ができた。しかし、今やSNSは発達し、管理者不在の「まとめサイト」も氾濫している。歯止めが効かなくなっているのである。

少年の実名問題は、戦後直後には予想もしなかった新たな局面を迎えている。

少年事件の減少　蓋をされる再犯

少年による殺人事件の検挙者数は、1951年と61年がピークで448人。その後は徐々に減っていき、75年には100人を切る。それから2001年まで100人前後で推移したが、以後は2桁がつづき、10年代は50人前後にまで減っている(犯罪白書。未遂も含む)。

つまり殺人事件だけでいえば、少年事件は確実に減っている(同様に成人の事件も減っているが、少年の方が、減り具合は大きい)。

ただ、こうした実情を踏まえたうえで、少年事件には、ずっと蓋をされている問題がある。

二つ目のテーマは、重大な事件を起こした少年の「再犯」だ。

少年事件の報道が著しく減った1970年代の後半に、各紙が一面で大きく報じた成人の事件がある。1979年の三菱銀行人質事件だ。

大阪市の三菱銀行の支店で、猟銃を持った男(30)が、行員や客を人質に立てこもり、行員と警官計4人を殺害した。立てこもりから42時間後、男は突入した警官に射殺された。

男は、15歳のときに主婦(21)を殺した前歴があった。強盗殺人容疑で逮捕され、少年院に収容されたが、わずか1年半で仮退院し、その十数年後に、また殺人事件を起こしていた。

少年の更生とは何か、が問われても不思議ではない事件だったが、当時の紙面では、議論があった様子はうかがえない。猟銃所持の条件をめぐって、銃刀法が改正されたのみだ。

2005年には、無職の男(22)が、大阪市のマンションに暮らす若い姉妹を殺して強盗殺人容疑で逮捕された。この男も、16歳のときに母(50)を殺害していた。彼もまた、少年院に収容されてから3年後に仮退院していた。

この男に死刑判決を言い渡した大阪地裁の並木正男裁判長は、少年院時代の男の様子について、判決でこう触れている。

「一般的な生活態度は問題がなかったが、母親を殺したことについて、反省の態度を示すことはかたくなに拒んだ。この態度は、少年院係官の指導や精神科医の定期的診察面談などを受けてもほとんど変わらず、仮退院を経て、処遇終了に至っている」

そして精神鑑定をした医師の意見として「男の性格は非社会性人格障害に該当し、性的サディズム、殺人そのものに快楽を感じている」「更生を期待することは非常に難しい」とまで述べている。（これが第8章で触れた、司法が「快楽殺人」という言葉を用いたもう一つのケースだ）

男が再犯をした際に、複数の更生関係者が「あの少年が本当に更生しているとは思わなかった」「少年院の教育には、精神的治療の専門性が不足している」「単なる手続きのように機械的に少年を出院させてしまうケースが多い」などと声を上げている。

当然ながら、統計の数字をみれば、こうした再犯はきわめて稀だ。多くの少年には、保護処分を通じた健全育成が望ましいのはわかる。

ただ一方で、少年が立ち直るかどうかは、最終的には本人次第でもある。たとえ稀なケースだとしても、こうした少年法の理念に冷や水を浴びせるような「再犯」事件への検証が、世間には全く示されていない。そして、自ら更生の機会を放棄してしまう少年を、今の少年法制が想定しているとはいいがたい。

少なくとも、少年の更生をめぐる世間の目は厳しい。

たとえば、神戸の連続児童殺傷事件でも、それがよくわかる。

２００４年、法務省は少年が医療少年院から退院したことを公表した（仮退院、正式退院ともに）。本来ならば、この手の情報は、プライバシーからも、更生の観点からも、非公表が大原則だ。しかし、遺族がその情報を望み、事件への社会的関心が依然として高いなかで、いたずらに恐怖心をあおらず、冷静に事実を明らかにすることが必要だと法務省は判断して、異例の公表に踏み切った（少年の再犯の可能性が低い、という見通しもあった）。

この退院の公表は、少年の更生とは何か、を社会に理解してもらうモデルケースとみられた。新聞各紙も一面で大きく報じ、おおむね好意的に伝えた。

しかし、少年は２０１５年に手記「絶歌」を出版。世間から激しい非難を浴びた。再犯をしたわけではない。だが、手記の内容は、遺族への贖罪とはほど遠いものだった。少年の更生とは何を指すのか。多くの人が考えさせられただろう。

最終章

少年事件を疑う

少年がナイフを握るたび
大人たちは理由を探す

なぜ新聞？　時代が変える少年事件

新聞記者になって、20年近く少年事件を取材している。少年が、なぜ人を殺めたのか。警察官、検察官、弁護士、裁判官、遺族から元加害少年……、と多くの人に話を聴いた。

だが、正確に答えられる人は、どこにもいなかった。むしろそこで実感したのは、少年事件の「少年」像が、人や立場によって大きく異なっていることだ。そして時間が経つにつれて、こんな確信を抱くにいたった。「少年」は、時代によっても変化する、と。

ならば、いっそ戦後の少年事件を俯瞰して、「少年とは何か」をとらえてみよう。それが本書を書いた狙いだ。

「少年」像が時代によって変容することを示す格好の資料、それが新聞紙面だ。

デジタル時代とは違い、アナログな新聞紙は、紙幅に限りがある。政治や経済、社会で起きたニュースと比較しながら、必然的に少年事件の記事の扱いが決まる。特に記事の扱いをめぐっては、大人の事件よりも、少年事件の方が、より世相と結びついている。

掲載されたページ。見出しの取り方。記事のボリューム。紙面でどう扱われたかをみることで、当時の世間の関心や、時代の息づかいをたどることができる。速報性のメディアである新聞も、長い歳月でたどると、鮮やかに「歴史」を浮き彫りにすることができるのである。そして、こうして事件をたどってみると、朝日、読売、毎日とも、紙面での扱いには、大きな違いがないことがわかる。

じつは、新聞メディアは、世間の常識と離れた「極私」的なニュースを報じることが難しい。記事の裏側には、記者、キャップ、デスク、整理など複数の人間が関わり、ニュースのバランスを図る編集システムが確立されている。だから、おおよそ世間の常識ぐらいの感覚が記事に反映される。三紙の扱いに違いがないのも、この編集システムが大きな理由だ。

新聞の紙面をめくってみると、戦後から現在にいたる過程で、世間がとらえた「少年」像は、そのイメージがはっきりと変化してきている。少年事件に、不変の常識などない。「少年」は、常に時代によって相対的に位置づけられているにすぎない。その意味で、その存在はきわめて不確かで、曖昧だ。絶対的な「少年」の実像など、どこにも存在しないのである。

では、戦後から令和時代にいたるまで、新聞各紙が大きく扱った少年事件を、一気におさらいする。

まず、戦後直後である。新しい少年法が施行されても、しいていうならば、この時代には「少年」事件などなかった。新しい少年法が施行されても、実名や顔写真が載る事件もザラにあった。小松川女子高生殺人のように、世間が注目すれば、実名や顔写真が載る事件もザラにあった。新聞各紙も、まだ少年事件と大人の事件とを明確に区別していなかった。

だが、学生運動が盛んになる60年代に入ると、政治や社会を変えようとする時代の反逆児としての「少年」が、にわかに「大人」と対立する存在として立ち上がってくる。

大きく報道された少年は、17歳の山口二矢をはじめとするテロリストだった。一方で、彼らは、少年法の庇護の元に置かれる「少年」とは違った。時代の切っ先に立つ先鋭であり、社会の異端の存在だった。

少年法の精神に沿う「少年」を強く意識させたのは、やはり永山則夫だろう。ピストルで無差別に4人を殺した19歳の永山は、逮捕直後は「射殺魔」。しかし、極貧にあえいだ生育歴が明らかになると、世間の反応は変わった。高度経済成長期の落とし子のような永山は、国が手を差し伸べて立ち直らせるべき「少年」のシンボルになる。長い裁判を通じて、未成熟な少年を社会が見守るべきだという認識が、ゆっくりと浸透する。少年は単なる大人のミニチュアではない、という理解が広がっていく。

そして70年代。

それは、少年法の理念が定着し、学生運動が衰退した時期だった。殺人などの重大な少年犯罪の件数も、一気に減っていた。この時代には、少年事件の報道、それ自体が影を潜める。凶悪な殺人事件が発生しても、各紙は紙面で大きく扱わなくなり、実名報道も消える。大人に比べると、少年の事件は抑制的に報道された。

80年代に登場した「少年」は、「子供」だ。

親と子供。学校と子供。屹立した「個」としての存在を失った「少年」は、はっきりとした上下関係の元に描かれるようになる。暴走族。ツッパリ。家庭内暴力に、浮浪者狩り。名もなき子供たちの反乱は、「ウチの子にかぎって」の視点を世間に与えた。

そして、こうした子供の事件は、国親思想に基づく少年法とも、加害者の「親の立場」に立って報道する新聞協会の方針とも、きわめて親和性が高かった。20歳の浪人生による川崎金属バット殺人が、受験戦争に敗れた「子供」の事件として報じられたのも、この時代の空気をよく表しているだろう。

だが、こうした「ひとつ屋根の下」の事件の陰で、報道も世間も「路上」の少年事件を見落としていた。18、19歳の年長少年も、落とし穴だった。綾瀬女子高生コンクリート殺人や名古屋アベック殺人など、親子や学校というコミュニティを大きくはみだして、大人顔負けの残酷な手口で人を殺める少年たちの姿は、真正面からとらえきれなかった。

代わりに、80年代後半から90年代初頭にかけて初めて問題視されたのが、捜査する側の内幕だ。それは、未熟な少年の自白を誘導するような捜査機関の横暴や、少年事件をめぐる司法の迷走だった。そして、年長少年の死刑をめぐる問題だった(ただ、国が責任を持って少年を更生するという少年法のお題目には、まだ疑いの目が向けられていなかった)。

90年代後半。

それまでの少年事件の認識を一変させたのが、97年の神戸連続児童殺傷事件だ。14歳の少年による事件は、これまで少年事件の暗がりに横たわっていた多くの問題を引きずり出した。それは、少年法制の不備であり、少年審判の閉鎖性であり、その未熟な運用だった。そして、加害者の「親の立場」に立つ一方で、被害者や遺族を置き去りにしていた報道の不覚だった。

事件の衝撃は、新たな「常識」を生み出した。

この事件を機に、戦後の少年事件は転成する。少年法は改正され、合議制が導入された。非公開の少年審判でも、重大な事件は決定の要旨が公表されるようになる。報道も少年事件の被害者の思いを手厚く報じるようになった。

少年事件をめぐって、これまでおざなりにされてきた対応が、手抜かりのないように整っていくのである。

それは、少年事件の大きな前進だった。

一方で、今振り返ると、苦い代償もあった。それはたとえば、少年事件の背景に、親子や教育の問題を見いだす視点が失われていったことだった。世間も報道も、少年個人に厳しい視線を注ぐようになり、世の中の不寛容さは増した。そして、遺族の回復と、少年の更生、という本来は個別に考えなければいけない課題を、どちらがより大切かと安易に天秤にかけてしまう傾向も生まれた（これは遺族に問題があるわけではない。社会の問題だ）。

00年代に入ると、60年代とは違ったかたちで、少年の「個」が注目される。

少年審判では、精神鑑定が多用され、医学の切り口から少年の特質が洗いだされるようになった。発達障害の診断が、決定の中身に大きな影響を及ぼすようになる。

もっとも注目されるのは、属人的な少年の特性。「劣悪な環境にある少年に救いの手を差し伸べるのは、国家の義務だ」（永山の控訴審を担当した裁判長）などという裁判官は、いなくなった。

「キレる17歳」に代表されるように、新聞各紙も、大人の事件よりも少年の事件を大きく報じるようになった。少年の個の特性があぶりだされるようになり、だんだん少年は「子供」扱いされなくなった。

こうして新聞が大きく扱った少年事件を振り返ると、神戸の事件を境にして、前・後に分けることができる。

神戸の事件より前の「少年」は、政治テロリストでも、ツッパリでも、「反社会」型だった。だが、それ以後は、いきなり事件を起こす「非社会」型の少年だ。歳月を経て「少年」像は、大きく変わった。

時代の移り変わりは、シビアだ。

ずっと右肩上がりだった経済も、バブルが崩壊し、失われた時代などといわれるようになった。いつのまにか世帯の経済格差が開き、ひきこもりやニートの問題が生まれ、自己責任という言葉がはやるようになった。

かくして事件を起こす少年に対する世間の視線も、今やきわめて厳しい。

2010年代に入り裁判員裁判が導入されると、その対象となった少年が、今度は一般市民に裁かれるようになった。しかも、少年も大人とそれほど変わらない視点で。

今、「少年」の姿は、存亡の岐路にある。

なぜ少年事件は社会の鏡なのか　少年はなぜナイフを握るのか

少年事件は、なぜ「社会の鏡」なのか。

最後に、プロローグで触れた問いかけに戻りたい。

少年事件が社会の鏡である理由。そこには、二つの理由が考えられる。

まず一つは、いつの時代の「少年」にも、共通している現実がある。

それは、少年事件の「少年」が、時代や社会の中心に据えられた存在ではないことだ。

大人と対の関係として少年をとらえた場合、その存在は社会や時代の端っこに追いやられた弱者であるともいえるし、社会の束縛から解かれた異端者だともいえる。

社会のひずみは、脆弱なところにこそ露出する。端っこの弱者としての少年には、時代が見て見ぬふりをしている弱点が浮き彫りになりやすい。貧困。差別。いじめ。格差。時代のゆがみが、少年事件を通じてあぶりだされるのである（永山則夫も、浮浪者狩りの子供たちも、その点で共通している）。

一方で、尖った異端者としての少年は、世間の矛盾や欺瞞に敏感だ。まだ俗世の道理に毒されず、しがらみもないから、常識はずれの行動にも出やすい。社会との結びつきも弱く、自分の将来や後先も考えずに蛮行に及んでしまう(直情的にテロに走った山口二矢も、「キレる17歳」の少年も、この点で同じだ)。

弱者であろうと、異端者であろうと、社会のど真ん中の地位を占めることがない少年が、何に追い詰められ、どうして行き場を失うのか。そしてその先で、なぜ人を殺めるまでに至ってしまうのか。それを探すことで、私たちは社会の欠陥に光を当てることができるのである。

少年は、炭鉱のカナリヤ。こうした視点に立って、少年事件を「社会の鏡」といった場合、その鏡は、大人たちが眼をそむけようとしている現実を露骨に映しだしている。社会のひずみや矛盾を余すところなくさらけ出しながら、反射しているのである。

少年事件が「社会の鏡」とされるもう一つの理由。

それは、そこに少年を見る大人側の視座があることだ。

これまで見てきたように、そのときどきに注目される「少年」は、絶対的ではない。社会の関心が、色濃く反映される相対的な存在だ。加えて、少年の実名が伏されることによって、少年は偶像化されやすくなった。大人たちが、自分たちの見たいように少年事件を見て、自分たちが望むように少年をとらえている面があるのは否めない。

この視点に立った場合、大人と少年は、かならずしも対の関係ではない。少年は、さしずめ大人の影法師だ。

たとえば、プロローグで紹介した山口二矢。彼は政治に傾倒したテロリストとして世に名を残した。だが、いくら早熟とはいえ、純粋にそれだけでテロに及んだというのは、いささか誇張がすぎないか。彼の叔父が指摘したように、強権的で一喝主義の父との関係も、凶行に及ばせた要因として、無視できないはずだ。

神戸の「少年A」にも同じことがいえる。彼を凶悪な怪物《モンスター》のようにとらえる報道も相次いだが、少年の更生にかかわった複数の関係者の話に耳を傾け、彼の手記を読むと、自己愛が強く、未成熟で、大人になりきれない一人の人間を感じざるをえない。

もちろん、少年の偶像化は、少年に厳しい視線を向ける大人たちだけの問題とはかぎらない。逆にいうと、事件を起こした少年を、とりわけ無辜《むこ》の存在のように描くパターンも、やはり更生関係者をはじめとする大人たちが生みだした偶像に過ぎないことがありうる。

少年は、大人とは違うから、少年なのだ。少年は、必ずしも大人の望んだ通りの姿をしていないはずだ。

こうしたズレは、新聞など報道機関にも生じている。

これまでみてきたように、新聞は事実を報じているが、取り上げる事件、その扱い、報じられる切り口にいたるまで、時代によって中身が異なる。たとえ嘘はつかず、事実だけを報じたとしても、拾いあげる事実が異なれば、浮かびあがる「少年」像も変わる。そこから読み取れるのは、そのときどきの大人たちの「少年」の認識にすぎない。

こうして俯瞰してみると、大人たちは時代のモノサシで、少年を見ている。少年事件で変わるのは「少年」ではなく、「時代」ともいえる。

今、私たちは、その鏡そのものが、ひび割れかねない時代を迎えている。

少年事件から離れて、ひろく少年全体を見渡せば、とりまく環境は近年、大きく変わった。それも、おおむね良い方向に。

選挙権は、18歳から。民法の成人年齢も、18歳にまで引き下げられた。背景には、少年にも大人と同じ人格があり、変わらない人権があるという意識が浸透したことがある。当然ながら、18歳以下の少年についても、そうした意識は高まりを見せている。人は生まれた時から大人と平等の人権、人格を持っている。それを認めることが、常識となった。

だが、少年全体に大人並みの光が当てられた一方、その陰で少年事件への関心は、静かに退潮している。事件を起こす「少年」も、もはや「大人」と同じ。社会や環境のせいではなく、少年個人の責任と考えられるようになっている。

こうした時代の流れに足並みをそろえるように、2017年以後、少年法の適用年齢の引き下げ（20歳未満から18歳未満へ）が議論になった。最終的には、18、19歳の少年を「特定少年」と位置づけることで落ち着いたが、この議論が世間で大きな話題になることも、新聞各紙で熱を帯びることもなかった。この年齢の少年が、逆送されて起訴された場合に、実名報道を解禁することも、すんなりと決まった。

そして、2022年。少年事件をめぐって、法律とは距離を置いて独自の方針を示してきた新聞協会にも変化があった。加害者の少年を匿名にする根拠として方針に明記していた、加害者の「親の立場に立って」の文言が消えたのだ。1958年以来、60年以上にわたり堅持してきた事件報道のスタンスに、静かに終止符が打たれたのである。

少年事件への関心は退潮し、近い将来、「少年」の姿は消えてしまうのかもしれない。皮肉なことに、今、戦後直後とは異なるかたちで、「少年」は「大人」扱いをされている。

参考文献

〈全体〉

・年表　子どもの事件１９４５―２０１５（山本健治編著／柘植書房新社）
・少年犯罪（鮎川潤／平凡社新書）
・少年法（沢登俊雄／中公新書）
・ビギナーズ少年法（守山正・後藤弘子／成文堂）
・少年法　その動向と実務（河村博編著／令文社）
・人間失格？（土井隆義／日本図書センター）
・少年法講義（武内謙治／日本評論社）
・少年事件の実名報道は許されないのか（松井茂記／日本評論社）
・少年事件報道と法（田島泰彦・新倉修編／日本評論社）

〈第１章〉

・テロルの決算（沢木耕太郎／文春文庫）

・大右翼史（荒原朴水／大日本一誠会）
・死刑の基準／永山則夫　封印された鑑定記録（ともに堀川恵子／講談社文庫）
・死刑事件弁護人（大谷恭子／悠々社）
・死刑囚　永山則夫（佐木隆三／講談社文庫）

〈第2章〉
・心にナイフをしのばせて（奥野修司／文藝春秋）
・金属バット殺人事件（佐瀬稔／草思社）
・子供たちの復讐（本多勝一／朝日文庫）
・醒めない夢　金属バット事件から女子高生監禁殺人事件へ（青木信人／太郎次郎社）

〈第3章〉
・迷走　女子高生コンクリート詰殺人事件（別府育郎・村田雅裕／あいわ出版）
・女子高生コンクリート詰め殺人事件（佐瀬稔／草思社文庫）
・かげろうの家（横川和夫編著／駒草出版）

〈第4章〉

・少年事件弁護の軌跡（若穂井透／日本評論社）
・マット死事件　見えない〝いじめ〟の構図（朝日新聞山形支局／太郎次郎社）

〈第5章〉
・19歳　一家四人惨殺犯の告白（永瀬隼介／角川文庫）
・死刑と無期懲役（坂本敏夫／ちくま新書）
・弁護士から裁判官へ（大野正男／岩波書店）
・絞首刑（青木理／講談社文庫）
・死刑廃止論（団藤重光／有斐閣）

〈第6章〉
・淳（土師守／新潮社）
・彩香へ「生きる力」をありがとう（山下京子／河出文庫）
・少年裁判官ノオト（井垣康弘／日本評論社）
・天国からのラブレター（本村洋・本村弥生／新潮社）
・なぜ君は絶望と闘えたのか　本村洋の３３００日（門田隆将／新潮社）
・光市事件裁判を考える（現代人文社編集部編／現代人文社）

- 「少年A」この子を生んで……（「少年A」の父母／文藝春秋）

〈**第7章**〉

- 重大少年事件の実証的研究（裁判所職員総合研修所監修／司法協会）
- 人を殺してみたかった（藤井誠二／双葉社）
- 謝るなら、いつでもおいで／僕とぼく（ともに川名壮志／新潮文庫）
- 少年事件　心は裁判でどう扱われるか（高岡健編／明石書店）
- 僕はパパを殺すことに決めた（草薙厚子／講談社）
- ケーキの切れない非行少年たち（宮口幸治／新潮新書）
- 子どもの脳を傷つける親たち（友田明美／ＮＨＫ出版新書）

〈**第8章**〉

- 少年事件の裁判員裁判（武内謙治編著／現代人文社）
- 43回の殺意（石井光太／新潮文庫）

〈**補記**〉

- 破滅（毎日新聞社会部編／晩聲社）

・死刑でいいです（池谷孝司編著／新潮文庫）
・絶歌（元少年A／太田出版）

〈その他〉
・新聞各紙
・新聞研究（日本新聞協会）
・各種雑誌
・少年犯罪データベース
・判決文

川名壮志

1975年生まれ．2001年早稲田大学法学部卒業
現在—毎日新聞記者
著書—『謝るなら、いつでもおいで』(集英社，のち新潮文庫)，『僕とぼく』(新潮社，のち新潮文庫)，『密着 最高裁のしごと』(岩波新書)

記者がひもとく「少年」事件史
—少年がナイフを握るたび大人たちは理由を探す
岩波新書(新赤版)1941

2022年9月21日 第1刷発行

著 者 川名壮志《かわなそうじ》

発行者 坂本政謙

発行所 株式会社 岩波書店
〒101-8002 東京都千代田区一ツ橋2-5-5
案内 03-5210-4000 営業部 03-5210-4111
https://www.iwanami.co.jp/

新書編集部 03-5210-4054
https://www.iwanami.co.jp/sin/

印刷・三陽社 カバー・半七印刷 製本・中永製本

ISBN 978-4-00-431941-2 Printed in Japan

岩波新書新赤版一〇〇〇点に際して

ひとつの時代が終わったと言われて久しい。だが、その先にいかなる時代を展望するのか、私たちはその輪郭すら描きえていない。二〇世紀から持ち越した課題の多くは、未だ解決の緒を見つけることのできないままであり、二一世紀が新たに招きよせた問題も少なくない。グローバル資本主義の浸透、憎悪の連鎖、暴力の応酬——世界は混沌として深い不安の只中にある。

現代社会においては変化が常態となり、速さと新しさに絶対的な価値が与えられた。消費社会の深化と情報技術の革命は、種々の境界を無くし、人々の生活やコミュニケーションの様式を根底から変容させてきた。ライフスタイルは多様化し、一面では個人の生き方をそれぞれが選びとる時代が始まっている。同時に、新たな格差が生まれ、様々な次元での亀裂や分断が深まっている。社会や歴史に対する意識が揺らぎ、普遍的な理念に対する根本的な懐疑や、現実を変えることへの無力感がひそかに根を張りつつある。そして生きることに誰もが困難を覚える時代が到来している。

しかし、日常生活のそれぞれの場で、自由と民主主義を獲得し実践することを通じて、私たち自身がそうした閉塞を乗り超え、希望の時代の幕開けを告げてゆくことは不可能ではあるまい。そのために、いま求められていること——それは、個と個の間で開かれた対話を積み重ねながら、人間らしく生きることの条件について一人ひとりが粘り強く思考することではないか。その営みの糧となるものが、教養に外ならないと私たちは考える。歴史とは何か、よく生きるとはいかなることか、世界そして人間はどこへ向かうべきなのか——こうした根源的な問いとの格闘が、文化と知の厚みを作り出し、個人と社会を支える基盤としての教養となった。まさにそのような教養への道案内こそ、岩波新書が創刊以来、追求してきたことである。

岩波新書は、日中戦争下の一九三八年一一月に赤版として創刊された。創刊の辞は、道義の精神に則らない日本の行動を憂慮し、批判的精神と良心的行動の欠如を戒めつつ、現代人の現代的教養を刊行の目的とする、と謳っている。以後、青版、黄版、新赤版と装いを改めながら、合計二五〇〇点余りを世に問うてきた。そして、いままた新赤版が一〇〇〇点を迎えたのを機に、人間の理性と良心への信頼を再確認し、それに裏打ちされた文化を培っていく決意を込めて、新しい装丁のもとに再出発したいと思う。一冊一冊から吹き出す新風が一人でも多くの読者の許に届くこと、そして希望ある時代への想像力を豊かにかき立てることを切に願う。

（二〇〇六年四月）